BIS BALD 2

回见

课本 Kursbuch

编者
王静　赵静　万宁

Autorinnen:
Jing Wang　Jing Zhao　Ning Wan

Sonata BOOK

Der Verlag achtet bei seinen Büchern und Magazinen auf nachhaltiges Produzieren. Unsere Bücher sind umweltfreundlich produziert und orientieren sich in Materialien, Herstellungsorten, Arbeitsbedinungen und Produktionsformen an den Bedürfnissen von Gesellschaft und Umwelt.

Der Verlag und seine Autor*innen sind für Hinweise oder Meinungen dankbar. Bitte wenden Sie sich diesbezüglich an office@sonatabook.at.

Soldanellenweg 55/13/2 · A-1220 Wien
E-Mail: office@sonatabook.at

www.sonatabook.at

Sonata BOOK
Spezialist für Literatur aus China

Umschlaggestaltung, Layout und Satz: Chen Wang

Printed in the European Union

ISBN: 978-3-9505310-4-6

1. Auflage 2023

Vorwort

Chinesisch ist nicht so schwer, wie es sich viele vorstellen. Weltweit steigt die Zahl derer, die Chinesisch lernen, rasant an. Die Grammatik ist im Vergleich zu vielen europäischen Sprachen ziemlich einfach. Die Aussprache, besonders die „vier Töne", in welchen die einzelnen Silben artikuliert werden können, bedarf eines genaueren Trainings. Und die Schriftzeichen? Zugegeben, die schrecken vielleicht anfangs in ihrer Vielzahl und graphischen Form ab. Aber darin liegt ja gerade eine der Faszinationen des Chinesischen.

Das vorliegende Lehrbuch führt mit einfachen Alltagsdialogen gleich in die Welt der chinesischen Schriftzeichen ein. Unter den neuen Schriftzeichen befindet sich die offizielle Lautumschrift mittels Lateinbuchstaben, wobei die Schriftzeichen hervorgehoben werden, so dass sich die Lernenden von Anfang an auf die Schriftzeichen konzentrieren können und weniger auf das Pinyin angewiesen sind. Wort-für-Wort-Erklärungen helfen den Lernenden, die Satzstruktur im Chinesischen besser zu verstehen.

In kleinen Einheiten wird Grammatik vermittelt, und jede Lektion enthält auch zusätzliche Vokabel, so dass die vorgegebenen Texte als Ausgangsbasis verwendet werden können, um weitere Sätze oder Texte, die nicht nur aus Dialogen bestehen, zu bilden. Als Ergänzung zu den Sprachübungen dienen kultur- und landeskundliche Erklärungen in deutscher Sprache.

Das Lehrbuch wendet sich an alle, die die chinesische Sprache erlernen möchten. Die Konzeption basiert auf den Anforderungen des neuen „Chinese Proficiency Test" (HSK-Prüfung) und des „Gemeinsamen Europäischen Referenzrahmens für Sprachen", erfolgte aber besonders in Hinblick auf Chinesischunterricht als dritte bzw. zweite Fremdsprache im Sekundarbereich im deutschsprachigen Raum.

Das Autorinnenteam, wiewohl seit Jahrzehnten im Chinesischunterricht erfahren und engagiert, ist für Rückmeldungen und Anregungen dankbar. „Guo er bu gai, shi wie guo yi" („Nur wenn man auf einem Fehler beharrt, begeht man wirklich einen Fehler"), heißt es bei Konfuzius.

Die Autorinnen bedanken sich bei Frau Jingfang Xu, Universität Innsbruck, Frau Xiaoyan Wang, Akademisches Gymnasium Wien und Herrn David Lobner, Universität Wien, für die wertvollen Ratschläge.

Wir wünschen viel Erfolg und Freude beim Erlernen wie beim Lehren dieser faszinierenden Sprache!

前言

汉语并不像很多人想象的那么高不可攀。当今世界范围内，学习汉语的人数迅速增加。与许多欧洲语言相比，汉语的语法相对简单，但发音因为“四声”的存在，尤其需要较细致的训练。那汉字又如何呢？要承认的是，汉字因为数量众多，而且字形“不同寻常”，刚开始让很多人怯步。但也正是因为这“不同寻常”，才使汉语独具魅力。

本书借助日常生活中的简单对话引入汉字，突出汉字，弱化拼音，练习题只有在新出现的汉字才标注汉语拼音，让学习者从一开始就注重汉字，减少对拼音的依赖；词对词的解释帮助学习者更好领会汉语的句子结构。

语法解释循序渐进，而且每课包含额外的词汇，以便学习者利用现有的句子作为例子，练习更多的句子和段落。除了语言练习外，书中引入了中国文化和国情介绍，使学习者能更好地理解课文内容，更贴切、自如地运用学到的语言。

本书适用于多数对汉语感兴趣的学习者，在设计中参考了新版《汉语水平考试大纲》，以及《欧洲语言共同参考框架》，尤其适用于德语区中学汉语作为第二或第三外语的教学。

本书作者均从事汉语教学多年，希望本书能向读者提供一本更完善、更实用、更符合时代要求的教材。在此谨向所有对本书编写提供过支持和帮助的人士表示衷心感谢，尤其感谢因斯布鲁克大学徐静芳老师、维也纳学术文理中学王晓燕老师和维也纳大学David Lobner老师的宝贵建议。

祝各位学习者拥有更多的成功和喜悦，并竭诚欢迎读者提出宝贵意见。

目录

INHALTSVERZEICHNIS

INHALTSVERZEICHNIS

暑假你去哪儿了？
Wo warst du in den Sommerferien?

1 对话 [duìhuà] Dialog

李维：暑假你去哪儿了？
Lǐ Wéi Shǔjià nǐ qù nǎr le

安娜：我们全家去了中国。我们游玩儿了北京、上海、西安和桂林，玩得很高兴。
Ānnà Wǒmen quánjiā qùle Zhōngguó Wǒmen yóuwánr le Běijīng Shànghǎi Xī'ān hé Guìlín wánde hěn gāoxìng

李维：你以前去过中国吗？
Lǐ Wéi Nǐ yǐqián qùguo Zhōngguó ma

安娜：没有，这是第一次去。
Ānnà Méiyǒu zhè shì dì-yī cì qù

李维：你觉得中国人怎么样？
Lǐ Wéi Nǐ juéde Zhōngguó rén zěnmeyàng

安娜：很热情。我在北京认识了一位中学生美玲，我们约好邮件联系。
Ānnà Hěn rèqíng Wǒ zài Běijīng rènshi le yí wèi zhōngxuéshēng Měilíng wǒmen yuē hǎo yóujiàn liánxi

李维：那你可得好好学中文了。
Lǐ Wéi Nà nǐ kě děi hǎohǎo xué Zhōngwén le

2 对话 [duìhuà] Dialog

安娜：马克，我刚从中国带回来一个脸谱面具，送给你。
Ānnà Măkè, wǒ gāng cóng Zhōngguó dài huílai yí ge liǎnpǔ miànjù, sòng gěi nǐ.

马克：真漂亮。这是京剧脸谱，对吗？我在电视里看见过。
Măkè Zhēn piàoliang. Zhè shì jīngjù liǎnpǔ, duì ma? Wǒ zài diànshì li kànjiàn guo.

安娜：对，我去看了一场京剧。虽然不太懂，但是我觉得很好听。
Ānnà Duì, wǒ qù kànle yì chǎng jīngjù. Suīrán bú tài dǒng, dànshì wǒ juédé hěn hǎo tīng

课文 [kèwén] Text

大卫已经去过三次中国了。他游玩了一些城市，认识了不少中国朋友。他觉得中国人热情、好客，中国饭很好吃。他最喜欢吃饺子。他虽然没听过京剧，但是有一个京剧脸谱面具。
Dàwèi yǐjīng qùguo sān cì Zhōngguó le. Tā yóuwán le yìxiē chéngshì, rènshi le bù shǎo Zhōngguó péngyou. Tā juéde Zhōngguó rén rèqíng, hàokè, Zhōngguó fàn hěn hǎo chī. Tā zuì xǐhuan chī jiǎozi. Tā suīrán méi tīngguo jīngjù dànshì yǒu yí ge jīngjù liǎnpǔ miànjù.

生词 [shēngcí] Vokabeln:

暑假	shǔjià	(S)	Sommerferien
全家	quánjiā	(S)	die ganze Familie
以前	yǐqián	(S)	früher
过	guò	(Pa)	Vergangenheitspartikel
次	cì	(ZEW)	-mal(ig), Zähleinheitswort für Verben
热情	rèqíng	(Adj)	leidenschaftlich, begeistert
位	wèi	(ZEW)	Zähleinheitswort für Personen, höflich
约好	yuēhǎo	(V)	abmachen, ausmachen
邮件	yóujiàn	(S)	Post
联系	liánxì	(V)	Kontakt knüpfen, kommunizieren
得	děi	(V)	müssen
个	gè	(ZEW)	Zähleinheitswort
脸谱	liǎnpǔ	(S)	Gesichtsbemahlung bei traditionellen Opern
面具	miànjù	(S)	Maske
从	cóng	(Präp)	von
回来	huílai	(V)	zurückkommen
真	zhēn	(Adv)	wirklich
京剧	jīngjù	(S)	Pekingoper
场	chǎng	(ZEW)	Zähleinheitswort für Vorführungen, Konzerte etc.
虽然	suīrán	(K)	zwar, obwohl (obgleich)
懂	dǒng	(V)	verstehen, begreifen
但是	dànshì	(K)	aber, jedoch
好客	hàokè	(Adj)	gastfreundlich

• 专有名词

西安	Xī'ān	(EN)	Xi'an
桂林	Guìlín	(EN)	Guilin
美玲	Měilíng	(Name)	Meiling
马克	Mǎkè	(Name)	Mark

语法注解 [yǔfǎ zhùjiě] Grammatik

Zeitpartikel 了 [le]

Durch die Verwendung des Zeitpartikel 了 wird verdeutlicht, dass eine Tätigkeit durchgeführt oder beendet ist, oder ein Zustand erreicht wurde.

例： 暑假你去哪儿了？ 他喝了一瓶可乐。 我买了一件衣服。
我们全家去了中国。 大卫已经去过三次中国了。
美玲今年17岁了。 下雨了，我们走吧。

Die Verneinung dieser Vergangenheitsform erfolgt mittels 没/没有, das vor das Verb gestellt wird. Das Partikel 了 darf in diesem Fall nicht verwendet werden.

例： 大卫 没（有） 去 中国。
他 没（有） 喝 可乐。
我 没（有） 买衣服。
没（有） 下雨，我们走吧。

Zeitpartikel 过 [guò]

Durch die Verwendung des Zeitpartikel 过 wird ausgedrückt, dass die Handlung oder Bewegung stattgefunden hat, oder ein Zustand erreicht worden ist, jetzt aber schon vorbei ist. Damit wird die Erfahrung, die dabei entstanden ist, betont.

例： 你以前去过中国吗？
我在电视里看见过。

Verneinung dieser Vergangenheitsform ist identisch mit der bei 了, mit der Ausnahme, dass das Partikel 过 bleiben muss.

例： 我没（有）去过中国？
我在电视里没（有）看过。

Konzessiver Nebensatz mit 虽然……，但是……

Mit 虽然……，但是…… werden zwei Sätze verbunden, bei denen der zweite Satz die „unerwartete Folge" der „Handlung/Aktion" des ersten Satzes beschreibt. Es entspricht dem deutschen „obwohl".

例： 虽然不太懂，但是我觉得很好听。

Superlatives Adverb 最

Mit vorgestelltem 最 vor Adjektiven oder einigen Verben wird der Superlativ ausgedruckt.

例： 最大、最好、最多，
他最喜欢吃饺子。

练习 [liànxí] Übung

1 拼音练习 [pīnyīn liànxí] – 近音字 [jìnyīnzì] – Übung mit den vier Tönen

书本	暑假	邮票	朋友	游泳
请问	晴天	约好	日月	音乐
京剧	文具	不懂	运动	冬天
虽然	两岁	联系	脸谱	练习

2 读一读 [dú yi dú] – Lesen und Verstehen

去中国　　去了中国　　去过中国　　去过一次中国　　没去过中国
去北京　　去了北京　　去过北京　　去过两次北京　　没去过北京
去西安　　去了西安　　去过西安　　去过三次西安　　没去过西安

我在北京认识了一位学生。
她在北京看了一场京剧。
安娜在中国游玩了很多地方。

3 看图说话 [kàntú shuōhuà] – Mit “了” Fragen beantworten

春节你去哪儿了？
Chūnjié nǐ qù nǎr le

星期天他们看了什么电影？
Xīngqītiān tāmen kàn le shénme diànyǐng

昨天小明吃了什么饭？
Zuótiān xiǎomíng chī le shénme fàn

4 替换练习 [tìhuàn liànxí] – Dialogübung

A: 暑假你去北京了吗？
B: 没有。
A: 你以前去过北京吗？
B: 去过。/没去过。

奥地利　维也纳　德国　瑞士

A: 你以前去过北京吗？
B: 没有，这是第一次。
A: 你觉得北京人怎么样？
B: 很热情。

奥地利　维也纳　德国　瑞士
奥地利人　维也纳人　德国人　瑞士人
很热情　很友好　很爱喝啤酒　很好客

5 读一读，背一背 [dú yi dú, bèi yi bèi] – Lesen, verstehen und auswendig lernen

《量词歌》

一头牛，两匹马，三条鲤鱼四只鸭，五本书，六支笔，
Yí tóu niú, liǎng pǐ mǎ, sān tiáo lǐyú sì zhī yā, wǔ běn shū, liù zhī bǐ

七棵果树八朵花，九架飞机十辆车，量词千万别说差。
qī kē guǒshù bā duǒ huā, jiǔ jià fēijī shí liàng chē, liàngcí qiānwàn bié shuō chà.

Eine Kuh, zwei Pferde, drei Karpfen, vier Enten, fünf Bücher, sechs Stifte,
sieben Obstbäume, acht Blumen, neun Flugzeuge, zehn Wagen,
die Zähleinheitswörter auf keinen Fall falsch verwenden.

6 听力练习 [tīnglì liànxí] – Hörübungen

1. 听录音，判断对错 [tīng lùyīn,pànduàn duìcuò] – Hören und als richtig oder falsch ankreuzen

	对	错
（1）他听过京剧。	☐	☐
（2）他有京剧脸谱面具。	☐	☐
（3）他没有脸谱面具。	☐	☐

2. 听录音，判断对错 [tīng lùyīn, pànduàn duìcuò] – Hören und als richtig oder falsch ankreuzen

	对	错
（1）大卫最喜欢吃饺子。	☐	☐
（2）大卫不喜欢吃中国饭。	☐	☐
（3）大卫最喜欢吃烤鸭。	☐	☐

3. 听录音，回答问题 [tīng lùyīn, huídá wèntí] – Hören und Fragen beantworten

（1）林老师来过欧洲几次？ ____________________

（2）她去过哪些国家？ ____________________

（3）她觉得欧洲人怎么样？ ____________________

你知道吗? [Nǐ zhīdào ma] Gewusst?

京剧脸谱 - Gesichtsmasken der Peking-Oper

Es gibt viele traditionelle chinesische Künste, und die Peking-Oper, mit ihrer auf mehr als 150 Jahre zurückgehenden Geschichte, ist eine von ihnen.
Besonders auffallend sind die mit leuchtenden Farben bemalten Gesichter der Darsteller: rot, weiß, schwarz, grün, blau, gelb, lila, gold und silber. Diese Farben symbolisieren Charakter und Temperament der Figuren: Rot steht für Treue und Tapferkeit, Weiß repräsentiert Verrat und Einfallsreichtum, Schwarz ist Ausdruck für Willensstärke, Ehrlichkeit, Unbesonnenheit und Aufrichtigkeit. Grün steht für Freimut und Jähzorn, Blau repräsentiert Ungezwungenheit, Mut und Sturheit. Gelb kündigt Gewalt an, während Lila für Standhaftigkeit, Klugheit und Stille steht. Gold und Silber sind die Farben für Strenge und Macht.

京剧演员的脸上常常画着很鲜艳的颜色，有的脸是红红的，有的脸是黑黑的。事实上，不同的颜色代表不同的性格。脸谱常用的颜色，有红、白、黑、绿、蓝、黄、紫和金、银等。

Jīngjù yǎnyuán de liǎnshang chángcháng huàzhe hěn xiānyàn de yánsè, yǒu de liǎn shì hónghóng de, yǒu de liǎn shì hēihēi de. Shìshí shang, bù tóng de yánsè dài biǎo bù tóng de xìnggé. Liǎnpǔ cháng yòng de yánsè, yǒu hóng, bái, hēi, lǜ, lán, huáng, zǐ hé jīn, yín děng.

Hier ist Platz für eine selbst entworfene Peking-Opern-Gesichtsbemalung (Man kann Ideen aus dem Internet holen.)

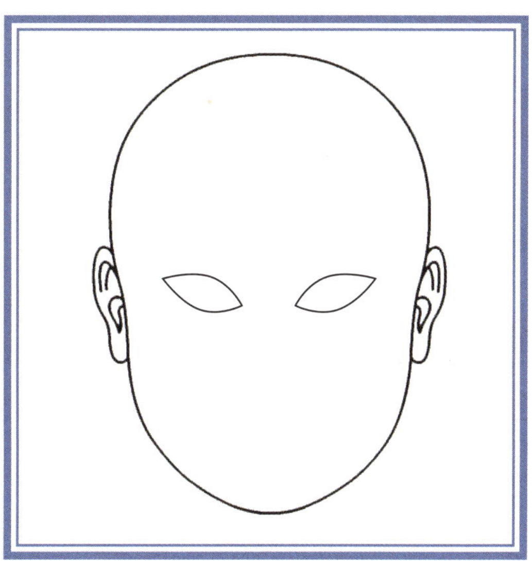

2 购物单 Einkaufsliste

开学第一天，小龙得到一张学习用品购物单。

Am ersten Schultag hat Xiaolong eine Einkaufsliste für Schulsachen bekommen.

购物单

文具单
Wénjùdān

铅笔 qiānbǐ	3支 sān zhī	橡皮 xiàngpí	1块 yí kuài
钢笔 gāngbǐ	1支 yì zhī	尺子 chǐzi	1把 yì bǎ
毛笔 máobǐ	1支 yì zhī	本子 běnzi	5个 wǔ ge
文具盒 wénjùhé	1个 yí ge	汉德字典 Hàn-Dé zìdiǎn	1本 yì běn

1 对话 [duìhuà] Dialog

小龙：林纳，你什么时候去买文具？
Xiǎolóng Lín Nà nǐ shénme shíhou qù mǎi wénjù

林纳：我想现在就去。
Lín Nà Wǒ xiǎng xiànzài jiù qù

小龙：你等我一下，我取点儿钱和你一起去。
Xiǎolóng Nǐ děng wǒ yíxià wǒ qǔ diǎnr qián hé nǐ yìqǐ qù

林纳：好，我在门外等你。
Lín Nà Hǎo wǒ zài ménwài děng nǐ

最便宜的文具盒多少钱？
Zuì piányi de wénjùhé duōshao qián

课文 [kèwén] Text

昨天，我和林纳去商店买文具。
Zuótiān wǒ hé Lín Nà qù shāngdiàn mǎi wénjù

我买了一支钢笔、一把尺子和一个文具盒。林纳买了一本字典。中文杂志卖完了，新杂志后天能到。
Wǒ mǎi le yì zhī gāngbǐ yì bǎ chǐzi hé yí ge wénjùhé Lín Nà mǎi le yì běn zìdiǎn Zhōngwén zázhì mài wán le xīn zázhì hòutiān néng dào

"杂志昨天就卖完了"
Zázhì zuótiān jiù mài wán le

马丁周末要过生日，他请朋友们来一起庆祝。这是他的购物单。
Mǎdīng zhōumò yào guò shēngrì tā qǐng péngyou men lái yìqǐ qìngzhù Zhè shì tā de gòuwùdān

Am Wochenende hat Martin Geburtstag. Er hat Freunde eingeladen, mit ihm zu feiern. Das ist seine Einkaufsliste.

马丁的购物单
Mǎdīng de gòuwùdān

牛奶 1盒 niúnǎi yì hé
面包 4个 miànbāo sì ge
蛋糕 1个 dàngāo yí ge
可乐 3瓶 kělè sān píng
矿水 2瓶 kuàngshuǐ liǎng píng
咖啡 1瓶 kāfēi yì píng
鸡蛋 20个 jīdàn èrshí ge
香肠 6袋 xiāngcháng liù dài
西瓜 1个 xīguā yí ge
苹果 2公斤 píngguǒ liǎng gōngjīn
红酒 3瓶 hóngjiǔ sān píng
薯片 3包 shǔpiàn sān bāo

¥13,80/公斤

¥18,50/个

¥15,90/瓶

¥1,50/个

¥5,70/盒

¥4,80/个

¥5,50/袋

¥8,20/袋

¥90,00/个

¥3,80/瓶

¥39,90/瓶

¥2,80/瓶

马丁一共需要多少钱？
Mǎdīng yígòng xūyào duōshao qián

____

生词 [shēngcí] Vokabeln:

购物	gòuwù	(V)	einkaufen
单	dān	(S)	Liste
开学	kāixué	(V)	das Schuljahr beginnt
		(S)	Anfang des Schuljahres
得到	dédào	(V)	bekommen
学习	xuéxí	(V/S)	lernen, Lernen
用品	yòngpǐn	(S)	Gebrauchsartikel
毛笔	máobǐ	(S)	Pinsel
本子	běnzi	(S)	Heft
等	děng	(V)	warten
一下	yíxià		einmal kurz
取	qǔ	(V)	abholen
门外	ménwài	(S)	draußen
卖	mài	(V)	verkaufen
完	wán	(Adv)	fertig
物品	wùpǐn	(S)	Sache, Gegenstand
价格	jiàgé	(S)	Preis, Wert
牛奶	niúnǎi	(S)	Milch
面包	miànbāo	(S)	Brot, Brötchen
蛋糕	dàngāo	(S)	Kuchen
咖啡	kāfēi	(S)	Kaffee
鸡蛋	jīdàn	(S)	Hühnerei
香肠	xiāngcháng	(S)	Wurst
西瓜	xīguā	(S)	Wassermelone
红酒	hóngjiǔ	(S)	Rotwein
薯片	shǔpiàn	(S)	Chips
需要	xūyào	(V)	brauchen, benötigen

语法注解 [yǔfǎ zhùjiě] Grammatik

Adverb 就 [jiù]

Als Adverb dient 就 zur Betonung, es kann mit „sofort“ oder „schont“ übersetzt werden. Es deutet auch darauf hin, dass der Sprecher der Meinung ist, dass die Tätigkeit zeitlich früher passiert ist, als erwartet oder sehr kurz dauert.

例： 我想现在就去。
我就去。
杂志昨天就卖完了。

一下 [yíxià]

Hier ist 下 ein Zähleinheitswort für ein Verb, normalerweise wird es für Verben verwendet, deren Tätigkeit nur kurz durchgeführt wird. Hier hat 一下 nichts mit der Anzahl der Bewegungen zu tun, es dient lediglich der höflichen Aufforderung, etwas zu erledigen.

例： 你等我一下，我取点儿钱和你一起去。
我看一下。

只能……了 [zhǐnéng……le]

了 dient in dieser Kombination als Modalpartikel zur Betonung, dass das Erwähnte die einzige Möglichkeit ist.

例： 我的钱不多，只能买最便宜的文具盒了。

常用量词表

Zwischen Zahl und Substantiv muss im Chinesischen ein Zähleinheitswort (ZEW) stehen. Das am häufigsten verwendete ZEW ist das tonlose 个. Hier werden häufig verwendete Zähleinheitswörter mit ihren Substantiven aufgelistet.

ZEW		für	Beispiel
个	gè	Stück	
把	bǎ	Sache mit Griff	尺子
杯	bēi	Becher	饮料：水、咖啡、果汁、酒
本	běn	gebundene Drucksache	书、杂志
层	céng	Schicht	楼
袋	dài	Sack	薯片、香肠
份	fèn	Portion	饭、饺子
盒	hé	Schachtel	牛奶、鸡蛋
口	kǒu	Familienmitglied	人
块	kuài	kleines Stück	蛋糕、面包
辆	liàng	Fahrzeug	车
瓶	píng	Flasche	饮料：水、果汁、可乐、矿水、酒
台	tái	Maschine	电脑、电视
张	zhāng	etwas Dünnes, Flaches	纸、光盘（CD）
只	zhī	Tiere	狗、猫
支	zhī	etwas Stockartiges	笔

练习 [liànxí] Übung

1 拼音练习 [pīnyīn liànxí] – 近音字 [jìnyīnzì] – Übung mit den vier Tönen

名单 鸡蛋 但是 字典 电脑 饭店 德语 得到
取钱 兴趣 来去 书本 薯片 暑假 高兴 蛋糕
玩具 晚上 卖完 香肠 机场 唱歌 物品 下午
西瓜 学习 喜欢 买东西 卖东西 起床 星期

2 读一读 [dú yi dú] – Lesen und Verstehen

一支铅笔 一块橡皮 一张纸 一个文具盒
一支钢笔 一块蛋糕 一张照片 一个苹果
一支毛笔 一块面包 一张光盘 一个蛋糕

你什么时候去买文具? 我现在就去。
他早上什么时候起床? 他早上五点就起床了。
马丁什么时候过生日? 下个月他就十八岁了。
你们什么时候去维也纳? 我们下星期三就出发。

3 看图说话 [kàntú shuōhuà] – Sätze bilden

他们要买什么文具?

丽丽

______
______
______

林纳

______
______
______

石大海

______
______
______

4 替换练习 [tìhuàn liànxí] – Dialogübung

A: 林纳，你什么时候去买文具？
B: 我准备现在就去。
A: 你等我一下，我取点儿钱和你一起去。

丽丽
王芳
大卫

打篮球
游泳
爬山

找一件运动衣
拿［ná: nehmen］一下我的游泳衣
取一个背包

A: 你需要些什么？
B: 我要一支铅笔、一块橡皮。
A: 你还需要些什么？
B: 不要了，一共多少钱？
A: 一支铅笔五毛钱，
一块橡皮两毛钱，
一共__________钱。
B: 给您__________钱。
A: 找你__________钱。

一支	铅笔	¥0,50
一块	橡皮	¥0,20
一个	本子	¥0,50
一本	书	¥4,80
一个	文具盒	¥15,00
一把	尺子	¥5,00
一本	字典	¥45,00
一支	钢笔	¥20,00

5 听力练习 [tīnglì liànxí] – Hörübungen

1. 听录音，找出相应的图 [tīng lùyīn, zhǎochū xiāngyìng de tú] – Hören und die Bilder den entsprechenden Personen zuorden

(1)________；(2)________；(3) ________；(4) ________；

A

B

C

D

2. 听录音，回答问题 [tīng lùyīn, huídá wèntí] – Hören und Fragen beantworten
小龙买到文具盒了吗？

你知道吗? [Nǐ zhīdào ma] Gewusst?

算盘 – Der Abakus

Der Abakus ist ein traditionelles chinesisches Rechengerät und hat eine Geschichte von mehr als 2600 Jahren.

Er ist einfach herzustellen, preislich günstig, seine Rechenregeln sind einfach zu merken, und mit ihm können Addition, Subtraktion, Multiplikation und Division, sowie das Ziehen von Quadratwurzeln und Kubikwurzeln einfach und schnell durchgeführt werden. Er wurde etwa 1600 n. Chr. in Japan und Korea eingeführt. In Europa wurde er bis Mitte des 17. Jahrhunderts verwendet und danach durch mechanische Rechenmaschinen verdrängt.

Das Rechen mit dem Abakus ist für geübte Personen evtl. noch schneller als mit modernen Rechnern, besonders bei Addition und Subtraktion. Deswegen wird er auch heute noch im Einzelhandel verwendet.

加法口诀

加数	不进位加		进位加	
一	一上一	一下五去四	一去九进一	
二	二上二	二下五去三	二去八进一	
三	三上三	三下五去二	三去七进一	
四	四上四	四下五去一	四去六进一	
五	五上五		五去五进一	
六	六上六		六去四进一	六上一去五进一
七	七上七		七去三进一	七上二去五进一
八	八上八		八去二进一	八上三去五进一
九	九上九		九去一进一	九上四去五进一

我的房间 Mein Zimmer 3

课文 [kèwén] Text

收件人：美玲

主题：你好！

美玲：你好！
Měilíng nǐ hǎo

很高兴在北京认识你。在以后的邮件里，我会告诉你奥地利的学校和我的生活。今天，我来介绍一下我的房间。
Hěn gāoxìng zài Běijīng rènshi nǐ. Zài yǐhòu de yóujiàn li wǒ huì gàosù nǐ Àodìlì de xuéxiào hé wǒ de shēnghuó. Jīntiān wǒ lái jièshào yíxià wǒ de fángjiān

我住在第二十二区，人民大街16号。我的房间面对多瑙河，窗外的风景很美。窗户旁边是我的书桌，桌子上有一台电脑。右边是我的床。床已经很旧了，一躺上去就"吱吱"地响。不过，我马上就要得到一张新床了。
Wǒ zhùzài dì èrshí'èr qū Rénmín Dàjiē shíliù hào Wǒ de fángjiān miànduì Duōnǎo Hé chuāngwài de fēngjǐng hěn měi Chuānghu pángbiān shì wǒ de shūzhuō zhuōzi shang yǒu yì tái diànnǎo Yòubiān shì wǒ de chuáng Chuáng yǐjīng hěn jiù le yì tǎng shàng qu jiù zhīzhī de xiǎng Búguò wǒ mǎshang jiùyào dédào yì zhāng xīn chuáng le

你的朋友：安娜
Nǐ de péngyou: Ānnà

九月四日
Jiǔ yuè sì rì

1 对话 [duìhuà] Dialog

石大海刚搬了家，他和一个德国同学合住一套公寓。
Shí Dàhǎi gāng bān le jiā tā hé yí ge Déguó tóngxué hézhù yí tào gōngyù

Shi Dahai ist gerade umgezogen und wohnt nun mit einem deutschen Mitschüler in einer WG.

石大海：请进，欢迎参观我的新家！这是客厅，右边是厨房和卫生间。里边有两间卧室，我和马丁一人一间。
Shí Dàhǎi: Qǐng jìn huānyíng cānguān wǒ de xīnjiā Zhè shì kètīng yòubiān shì chúfáng hé wèishēngjiān Lǐbiān yǒu liǎng jiān wòshì wǒ hé Mǎdīng yì rén yì jiān

李 维：有洗衣机吗？
Lǐ Wéi: Yǒu xǐyījī ma

石大海：没有。不过，楼下有洗衣房，可以在那儿洗衣服。
Shí Dàhǎi: Méiyǒu Búguò lóuxià yǒu xǐyīfáng kěyǐ zài nàr xǐ yīfu

李 维：房子不错，离学校也近，很方便。
Lǐ Wéi: Fángzi bú cuò lí xuéxiào yě jìn hěn fāngbiàn

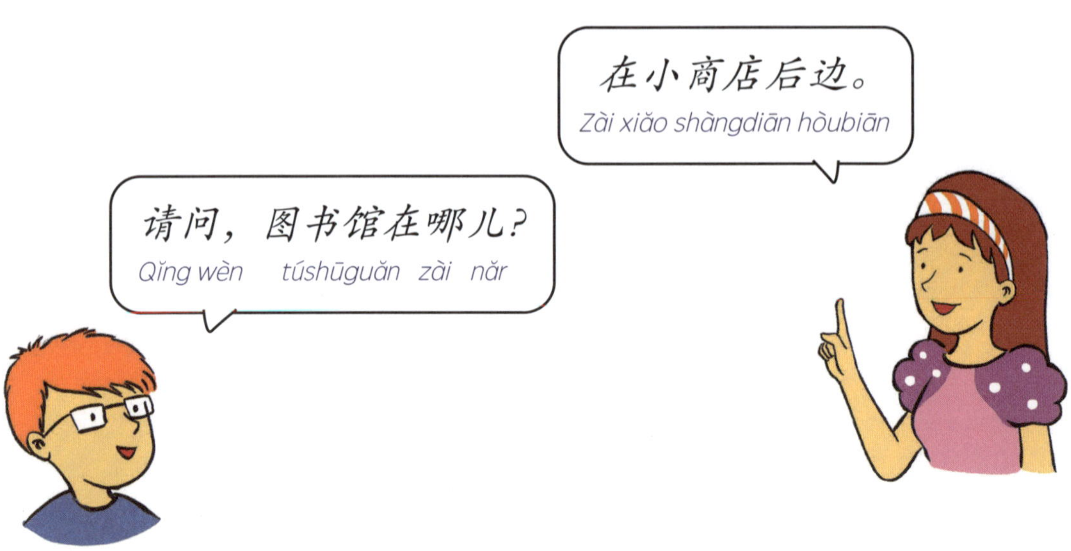

生词 [shēngcí] Vokabeln:

以后	yǐhou	(Adv)	später
告诉	gàosu	(V)	mitteilen, erzählen
生活	shēnghuó	(S)	das Leben
介绍	jièshào	(V)	vorstellen
大街	dàjiē	(S)	Straße
面对	miànduì	(Adj)	gegenüberliegend
		(präp)	angesichts
河	hé	(S)	Fluss
窗外	chuāngwài	(Adj)	außerhalb vom Fenster
风景	fēngjǐng	(S)	Landschaft
窗户	chuānghu	(S)	Fenster
旁边	pángbiān	(N)	seitlich, an der Seite
书桌	shūzhuō	(S)	Schreibtisch
右边	yòubiān	(N)	rechts
床	chuáng	(S)	Bett
旧	jiù	(Adj)	alt, gebraucht
躺	tǎng	(V)	sich hinlegen
吱吱地	zhīzhīde	(Adv)	quietschend
响	xiǎng	(V)	ertönen
马上	mǎshang	(Adv)	sofort
进	jìn	(V)	hinein-, hereinkommen
欢迎	huānyíng	(V)	willkommen
客厅	kètīng	(S)	Wohnzimmer
厨房	chúfáng	(S)	Küche
卫生间	wèishēngjiān	(S)	Toilette
卧室	wòshì	(S)	Schlafzimmer
洗衣机	xǐyījī	(S)	Waschmaschine
洗衣房	xǐyīfáng	(S)	Waschraum, Waschküche
不错	búcuò	(Adj)	nicht schlecht
离	lí	(Präp)	entfernt, von ...
近	jìn	(Adj)	nahe
方便	fāngbiàn	(Adj)	(Verkehrs-)günstig, angenehm

• 专有名词

多瑙河	Duōnǎo Hé	Donau
人民大街	Rénmín Dàjiē	Volksstraße

语法注解 [yǔfǎ zhùjiě] Grammatik

Strukturpartikel 地 [de]

地 verbindet Adverben mit Verben und kennzeichnet das Davorstehende als adverbiale Ergänzung des Verbs.

Adverb + 地 + Verb

例： “吱吱”地响　很高兴地说

一……就…… [yī……jiù]

Mit dieser Struktur wird verdeutlicht, dass die zweite Handlung sofort nach Abschluss der Ersten passiert.

例： 我一躺上去就“吱吱”地响。
　　 我一来他就走了。

（就）要……了 [(jiù)yào……le]

Mit dieser Struktur wird verdeutlicht, dass etwas gleich geschehen wird.

例： 我马上就要得到一张床。
　　 天就要黑了。

Die zweite Anwendung von 了 [le]

了 bedeutet, dass ein Zustand erreicht ist. Dieser Zustand kann einen Startpunkt haben, kann fortgesetzt werden, hat aber keinen Endpunkt.

例： 床已经很旧了。
　　 我马上就要得到一张新床了。

一人一间 [yì rén yì jiān] : pro Person ein eigenes Zimmer

例： 一人一本（字典）
　　 爸爸和妈妈一人一辆（车）

离……近 [lí……jìn]

Um den Abstand zwischen zwei Orten anzugeben, wird das Zeichen 离 verwendet:

„Ort1 + 离 + Ort2 + 近"

例： 我家　离　学校　很近。
　　 书店　离　公园　不近。

方位词 [fāngwèicí] Adverbien des Ortes

上、下、左、右、前、后、旁等 sind einfache Ortsadverbien. Mit Suffix 边 oder 面 werden die zusammengesetzten Ortsadverbien gebildet.

例： 上边　下面　左边　后面
　　 窗户旁边是我的书桌。右边是我的床。

练习 [liànxí] Übung

1 拼音练习 [pīnyīn liànxí] – 近音字 [jìnyīnzì] – Übung mit den vier Tönen

高兴	蛋糕	告诉	大街	姐姐	介绍
喝水	河水	铅笔盒	经常	北京	景色
右边	朋友	游泳	喝酒	旧书	就要
马上	号码	麻烦	关系	练习	洗衣
今天	公斤	围巾	很近	进来	金色

2 读一读 [dú yi dú] – Lesen und Verstehen

我的房间
他的学校
妹妹的书桌
窗外的风景

离图书馆近
离机场近
离多瑙河近
离洗衣房近

可乐在矿水旁边
窗户在书桌右边
花园在超市后边
酒店在地铁站右边

3 看图说话 [kàntú shuōhuà] – Sätze bilden

__________________的后边。　　__________离__________很近。

__________就要__________了。　　__________________在哪儿?

4 对话 [duìhuà] – Dialogübung – Position beschreiben

1. A: 请问，图书馆在哪儿？
   B: 在教学楼的后边。
   A: 离教学楼远吗？
   B: 不远/很近。

地铁站 超市
书店 饭馆
一号楼 三号楼

前边
后边
左边
右边

2. A: 洗衣机在哪儿？
   B: 在厨房的左边。
   A: 厨房在哪儿？
   B: 在卧室的右边。

蛋糕 冰箱 厨房
西瓜 桌子 门厅
课本 书包 客厅

左边 右边
里面 外面
上面 下面

5 听力练习 [tīnglì liànxí] – Hörübungen

1. 听录音，选择正确的答案 [tīng lùyīn, xuǎnzé zhèngquè de dá'àn]
   – Hören und die richtige Antwort auswählen

（1） A. 丽丽住在第22区，人民大街16号。
      B. 丽丽住在第2区，人民大街26号。
      C. 丽丽住在第12区，人民大街16号。
      D. 丽丽住在第12区，人民大街26号。

（2） A. 丽丽家有5个房间。旁边是学校。
      B. 丽丽家有5个房间。对面是学校。
      C. 丽丽家有3个房间。旁边是学校。
      D. 丽丽家有3个房间。对面是学校。

2. 听录音，回答问题 [tīng lùyīn, huídá wèntí] – Hören und Fragen beantworten

（1）小龙的新家在哪里？
（2）他家有几间卧室？
（3）客厅在楼上吗？
（4）他家离地铁站近吗？

你知道吗? [Nǐ zhīdào ma] Gewusst?

四合院 - Sìhéyuàn

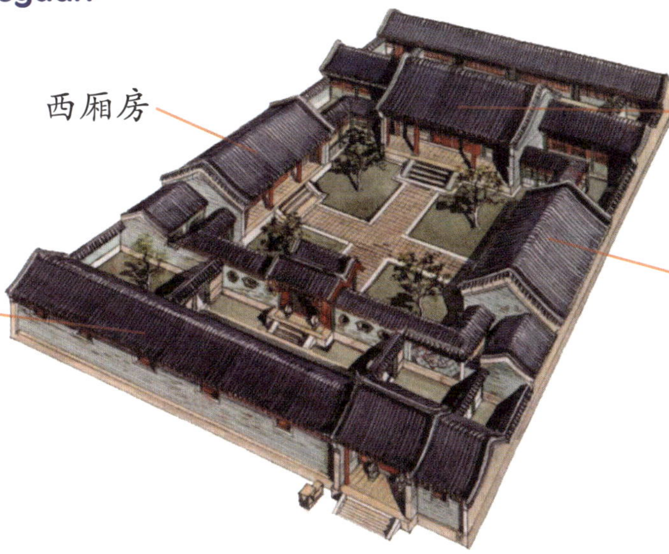

Siheyuan ist eine Art der verschiedenen traditionellen chinesischen Wohnhöfe. Ein Siheyuan besteht aus Häusern, die in quadratischer Form in allen vier Himmelsrichtungen angeordnet sind; das Haus in der Mitte an der Nordseite ist das sogenannte „Zhengfang （正房）“, es wird vom Familienoberhaupt bewohnt; seitlich befinden sich Seitenflügel, die sogenannten „Xiangfang（厢房）“, das Haus an der östlichen Seite wird vom ältesten Sohn bewohnt; in den Häusern an der Südseite, die auch „Daozuofang（倒坐房）“ genannt werden, wohnen die Bediensteten. Ein Siheyuan wird meistens von großen Familien bewohnt, es bietet den Bewohnern eine sichere und geschlossene hofartige Räumlichkeit und basiert auf der traditionell chinesischen hierarchischen Denkweise, dem Ying und Yang und den Fünf Elementen.

Infolge von Veränderungen von Familiestrukturen und sozialer Einstellungen verliert diese Art von Wohnhöfen immer mehr an Bedeutung. Die meisten dieser Wohnhöfe werden abgerissen, nur einige wenige Höfe werden als Kulturerbe erhalten bleiben.

四合院，是中国的一种传统合院式建筑，其格局为一个院子四面建有房屋，通常由正房、东西厢房和倒座房组成，从四面将庭院合围在中间。

Sìhéyuàn, shì Zhōngguó de yì zhǒng chuántǒng héyuàn shì jiànzhù, qí géjú wéi yí ge yuànzi sìmiàn jiàn yǒu fángwū, tōngcháng yóu zhèngfáng, dōngxī xiāngfáng hé dàozuò fáng zǔchéng, cóng sìmiàn jiāng tíngyuàn héwéi zài zhōngjiān.

4 去火车站怎么走？
Wie kommt man zum Bahnhof?

1 对话 [duìhuà] Dialog

大卫： 请问，这里离火车站远吗？
Dàwèi Qǐng wèn zhèli lí huǒchēzhàn yuǎn ma

路人1： 对不起，我也不知道。
Lùrén 1 Duìbuqǐ wǒ yě bù zhīdao

大卫： 请问，去火车站怎么走？
Dàwèi Qǐng wèn qù huǒchēzhàn zěnme zǒu

路人2： 直走，第二个红绿灯 向左转。
Lùrén 2 Zhí zǒu dì-èr ge hónglǜdēng xiàng zuǒ zhuǎn

大卫： 谢谢。
Dàwèi Xièxiè

路人2： 不客气。
Lùrén 2 Bú kèqi

2 对话 [duìhuà] Dialog

马克： 请问，去机场怎么坐车？
Mǎkè Qǐngwèn qù jīchǎng zěnme zuò chē

路人： 坐地铁2号线到东直门，换机场 快轨到 终点站 下。
Lùrén Zuò dìtiě èr hào xiàn dào Dōngzhímén huàn jīchǎng kuàiguǐ dào zhōngdiǎnzhàn xià

马克： 大约要多长时间？
Mǎkè Dàyuē yào duō cháng shíjiān

路人： 一个多小时。
Lùrén Yí ge duō xiǎoshí

马克： 来不及了，只能坐出租车了。
Mǎkè Láibují le zhǐnéng zuò chūzūchē le

3 对话 [duìhuà] Dialog

司机：小姐，您去哪儿？
Sījī Xiǎojiě nín qù nǎr

王芳：我去机场。五十分钟能到吗？
Wáng Fāng Wǒ qù jīchǎng Wǔshí fēnzhōng néng dào ma

司机：如果不堵车，四十分钟就到了。
Sījī Rúguǒ bù dǔchē sìshí fēnzhōng jiù dào le

要是堵车就难说了。
Yàoshì dǔchē jiù nán shuō le

王芳：我赶飞机，您能开快点儿吗？
Wáng Fāng Wǒ gǎn fēijī nín néng kāi kuài diǎnr ma

课文 [kèwén] Text

我家离学校不远，坐车两站就到了。天气好的时候，我
Wǒ jiā lí xuéxiào bù yuǎn zuò chē liǎng zhàn jiù dào le Tiānqì hǎo de shíhou wǒ

经常骑自行车去学校。今天我不能骑车去，因为下雪了。
jīngcháng qí zìxíngchē qù xuéxiào Jīntiān wǒ bù néng qí chē qù yīnwèi xiàxuě le

过生日的时候我请了
Guò shēngrì de shíhou wǒ qǐng le

很多朋友来。
hěn duō péngyou lái

生词 [shēngcí] Vokabeln:

这里	zhèlǐ	(S)	hier
远	yuǎn	(Adj)	weit entfernt
知道	zhīdao	(V)	wissen
那边	nàbiān	(S)	dort (drüben)
走	zǒu	(V)	gehen
直走	zhízǒu	(V)	geradeaus gehen
红绿灯	hónglǜdēng	(S)	(Verkehrs-)Ampel
向	xiàng	(Präp)	in Richtung, nach, zu
左	zuǒ	(Adj)	links
转	zhuǎn	(V)	abbiegen
线	xiàn	(S)	Linie, Faden, Schnur
换	huàn	(V)	umsteigen
快轨	kuàiguǐ	(S)	Schnellbahn
终点站	zhōngdiǎnzhàn	(S)	Endstation
大约	dàyuē	(Adv)	vielleicht, vermutlich, ungefähr
多长	duō cháng		Wie lange?
小时	xiǎoshí	(S)	Stunde
来不及	láibují		nicht mehr dazu kommen, für etwas ist es (schon) zu spät
出租车	chūzū chē	(S)	Taxi
前方	qiángfāng	(S)	Vorderseite, Front(seite)
换乘	huànchéng	(V)	(Verkehr) umsteigen
乘客	chéngkè	(S)	Fahrgast, Passagier/Passagierin
下车	xià chē	(V)	aussteigen
分钟	fēnzhōng	(S)	Minute
如果	rúguǒ	(K)	falls, wenn
堵车	dǔchē	(S)	(Verkehrs-)Stau
要是	yàoshì	(K)	falls, wenn
难说	nánshuō	(Adj)	schwer zu sagen
赶	gǎn	(V)	sich beeilen, um etwas zu erreichen
一点儿	yìdiǎnr		ein bisschen mehr (in komparativer Verwendung)
经常	jīngcháng	(Adv)	oft
因为	yīnwèi	(K)	weil, da
下雪	xiàxuě	(V)	es schneit

• 专有名词

东直门	Dōngzhímén	Dongzhimen

语法注解 [yǔfǎ zhùjiě] Grammatik

有……的乘客 [yǒu……de chèngkè]

（如果）有换乘机场快轨的乘客请在这里下车：Passagiere, die in die Schnellbahn Richtung Flughafen umsteigen möchten, bitte hier aussteigen. 换乘机场快轨 ist hier eine Verbkonstruktion und dient als Eigenschaftswort von 乘客.

例：有去长城的人请在这里上车。
有听过京剧的同学请举手。

如果……就…… [rúguǒ……jiù……] /要是……就…… [yàoshì……jiù……]

Konditionalsatz „wenn/falls ..., dann ..."

例：如果不堵车，四十分钟就到了。要是堵车就难说了。
如果天好，我们就去游泳。

……的时候 [……de shíhou]

Diese Struktur wird als „wenn ..." oder „als" übersetzt.

例：天气好的时候，我经常骑自行车去学校。

来不及 [lái bují]

Mit einer Möglichkeitsergänzung wird ausgedrückt, ob eine Tätigkeit durch subjektive oder objektive Bedingungen ermöglicht wird oder nicht. Sie wird mit „得/不+ Ergänzung" gebildet.

例：来不及　来得及　听不见　听得见

过去，过来 [guòqu, guòlai]

Die Zeichen 去、来 sind Direktivergänzungen für das Verb 过. Einfache Direktivergänzungen werden mit Direktivverben wie 来、去、上、下、进、出、回、过、起、开、到 gebildet und direkt hinter das Verb gesetzt: Verb + Direktivergänzung

例：过来　过去　走来　走去

一点儿 [yìdiǎnr] in komparativer Verwendung

Durch die Form „Adjektiv + 一点儿" wird das Adjektiv in eine komparative Form versetzt und bedeutet „ein bisschen mehr (als der jetzige Zustand)".

例：我赶飞机，您能开快点儿吗？
请说慢一点儿！
写大一点儿！

练习 [liànxí] Übung

1 拼音练习 [pīnyīn liànxí] – 近音字 [jìnyīnzì] – Übung mit den vier Tönen

公园　很远　医院　知道　直到　杂志
路灯　等人　香肠　很想　响声　向东
昨天　左边　坐车　作业　欢迎　换车
机场　来不及　几个　方向　房间　放下
读书　堵车　温度　因为　音乐　饮料

2 读一读 [dú yi dú] – Lesen und Verstehen

赶飞机　怎么走　怎么坐车　直走　来不及了
赶火车　怎么去　怎么换车　向前走　没时间了
坐地铁　怎么写　怎么取钱　向左转　赶不上了
坐出租车　怎么说　怎么找房　向后看　床很旧了

3 看图说话 [kàntú shuōhuà] – Sätze bilden

__________怎么走?　__________能到吗?

__________怎么换车?　______能用__________?

__________不能______________ ________________。

4 替换练习 [tìhuàn liànxí] – Dialogübung

1. 你能开快点儿吗？我赶飞机。

说慢点儿	听不清
写大点儿	看不见
便宜点儿	买五条
送过来	没时间取

2. A：开车去机场大约要多长时间？
   B：一个多小时。

坐火车去慕尼黑	四个多小时
骑自行车去图书馆	二十多分钟
坐飞机去柏林	一个半小时
学完这本书	五个月

5 听力练习 [tīnglì liànxí] – Hörübungen

1. 听录音，回答问题 [tīng lùyīn, huídá wèntí] – Hören und Fragen beantworten
   (1) 他要坐几号地铁？
   (2) 需要多长时间能到多瑙公园？

2. 听录音，回答问题 [tīng lùyīn, huídá wèntí] – Hören und Fragen beantworten
   (1) 他们可能在哪儿？
   (2) 他能赶上飞机吗？

3. 听录音，回答问题 [tīng lùyīn, huídá wèntí] – Hören und Fragen beantworten
   (1) 他要去哪儿？
   (2) 去那里多长时间能到？

你知道吗? [Nǐ zhīdào ma] Gewusst?

高速铁路 – Die chinesische Hochgeschwindigkeitsbahn

China verfügt über ein riesiges Territorium und beherbergt eine große Bevölkerung. Mit der Urbanisierung steigt die Mobilität der Chinesen. Der Schienenpersonenfernverkehr in den 90er-Jahren war langsam und die Transportkapazität begrenzt.
In den Jahren zwischen 1996 und 2000 wurde in China in drei Etappen die maximale Fahrtgeschwindigkeit durch eine Verbesserung von Schienen und Zügen bis auf 240 km/h erhöht.
Die erste echte chinesische Hochgeschwindigkeitsbahn wurde im Jahr 2002 zwischen Qinhuangdao und Shenyang in Betrieb genommen mit einer Höchstgeschwindigkeit von 321,5 km/h.
Die Hochgeschwindigkeitsschienen besitzen folgende Vorteile: hohe Transportkapazität, Geschwindigkeit und Effizienz.
Durch den Neubau der Hochgeschwindigkeitsschienen und Verbesserungsarbeiten an den alten Schienen in den letzten 20 Jahren besitzt China aktuell weltweit das größte Hochgeschwindigkeitsschienennetz mit der höchsten Betriebsgeschwindigkeit und bis Ende 2020 eine gesamte Länge der Hochgeschwindigkeitsschienen von 38.000 km.
Laut mittel- bzw. langfristiger Planung des Schienenverkehrs wird die gesamte Länge der Hochgeschwindigkeitsschienen für Personenfernverkehr und IC-Schienen 2035 70.000 km erreichen.
Es gibt zwei Bezeichnungen zu den Hochgeschwindigkeitszügen: „G" steht für „Gaotie", Züge mit einer Höchstgeschwindigkeit von über 400 km/h und einer durchschnittlichen Betriebsgeschwindigkeit von etwa 300 km/h; „D" steht für „Dongche", deren Höchstgeschwindigkeit 200-250 km/h beträgt und die durchschnittliche Betriebsgeschwindigkeit bei 150 km/h liegt.

"高铁"分两种。一种是G字头的高速动车组，这才是真正的"高铁"，最快时速超过400公里，一般平均运营时速在300公里左右。另一种是D字头的动车组，也就是"动车"．最快时速为200-250公里，一般平均运营时速在150公里左右。

"Gāotiě" fēn liǎng zhǒng. Yī zhǒng shì G zìtóu de gāosù dòngchēzǔ, zhè cái shì zhēnzhèng de "Gāotiě", zuì kuài shísù chāoguò 400 gōnglǐ, yìbān píngjūn yùnyíng shísù zài 300 gōnglǐ zuǒyòu. Lìng yì zhǒng shì D zìtóu de dòngchēzǔ, yě jiù shì "dòngchē", zuìkuài shísù wéi 200-250 gōnglǐ, yìbān píngjūn yùnyíng shísù zài 150 gōnglǐ zuǒyòu.

5 你家有几口人？

Wie viele Mitglieder hat deine Familie?

1 对话 [duìhuà] Dialog

小龙：圣诞节你得到什么礼物了？
Xiǎolóng Shèngdànjié nǐ dédào shénme lǐwù le

丽丽：我得到一部新手机。你呢？
Lìlì Wǒ dédào yí bù xīn shǒujī Nǐ ne

小龙：我得到一台笔记本电脑。
Xiǎolóng Wǒ dédào yì tái bǐjìběn diànnǎo

丽丽：太棒了！你一定很开心吧！
Lìlì Tài bàng le Nǐ yídìng hěn kāixīn ba

小龙：是呀！我已经盼了好久，现在终于得到了。
Xiǎolóng Shì a Wǒ yǐjīng pàn le hǎo jiǔ xiànzài zhōngyú dédào le

2 对话 [duìhuà] Dialog

安娜：马克，今天是除夕，你打算怎么过？
Ānnà Mǎkè jīntiān shì Chúxī nǐ dǎsuàn zěnme guò

马克：我还没有安排。你有什么主意？
Mǎkè Wǒ hái méiyǒu ānpái Nǐ yǒu shénme zhǔyì

安娜：我们先去市中心的迪厅玩儿一会儿，晚上12点
Ānnà Wǒmen xiān qù shìzhōngxīn de dítīng wánr yíhuìr wǎnshang shí'èr diǎn

以前到斯蒂芬广场听钟声，迎接新年，好不好？
yǐqián dào Sīdìfēn Guǎngchǎng tīng zhōngshēng yíngjiē Xīnnián hǎobuhǎo

马克：好，我可以带王芳一起来吗？
Mǎkè Hǎo wǒ kěyǐ dài Wáng Fāng yìqǐ lái ma

她想知道奥地利人是怎么迎新年的。
Tā xiǎng zhīdào Àodìlì rén shì zěnme yíng Xīnnián de

安娜：当然可以。
Ānnà Dāngrán kěyǐ

10，9，8，7，6，5，4，3，2，1！新年好！
Shí jiǔ bā qī liù wǔ sì sān èr yī xīnnián hǎo

5 你得到什么礼物了? Welche Geschenke hast du bekommen?

课文 [kèwén] Text

张经理的妻子下个月过生日, 他打算买一块手表送给她。
Zhāng jīnglǐ de qīzi xià ge yuè guò shēngrì tā dǎsuàn mǎi yí kuài shǒubiǎo sònggěi tā

听说瑞士的手表很有名。他准备明天去商店选购。
Tīngshōu Ruìshì de shǒubiǎo hěn yǒumíng Tā zhǔnbèi míngtiān qù shāngdiàn xuǎngòu

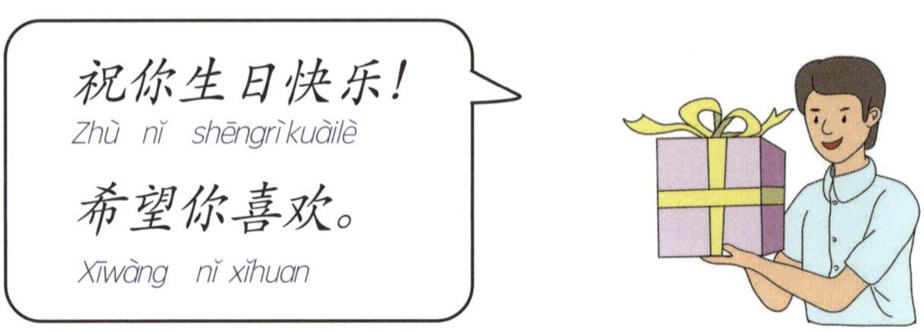

生词 [shēngcí] Vokabeln:

礼物	lǐwù	(S)	Geschenk
部	bù	(ZEW)	ZEW
手机	shǒujī	(S)	Handy
笔记本	bǐjìběn	(S)	Notizbuch
太棒了	tài bàng le		sehr gut
开心	kāixīn	(adj)	gut gelaunt, froh, freudig
盼	pàn	(V)	warten, hoffen
好久	hǎo jiǔ	(adv)	sehr lange (Zeit)
终于	zhōngyú	(adv)	zuletzt, schließlich
除夕	chúxī	(S)	Silvester
安排	ānpái	(V)	organisieren, planen
市中心	shìzhōngxīn	(S)	Stadtzentrum
迪厅	dítīng	(S)	Disko
一会儿	yíhuìr	(adv)	einen Moment, eine Weile
广场	guǎngchǎng	(S)	(öffentlicher) Platz
钟声	zhōngshēng	(S)	Glockengeläut, Glockenklang
迎接	yíngjiē	(V)	willkommen heißen, begrüßen, empfangen
迎	yíng	(V)	in Empfang nehmen, begrüßen
着	zhe	(Pa)	(Verlaufssuffix) gerade bei etwas sein, am
应该	yīnggāi	(V)	sollen
下班	xiàbān	(V)	Feierabend machen
放	fàng	(V)	freilassen, (los)lassen
光盘	guāngpán	(S)	CD
经理	jīnglǐ	(S)	Manager/Managerin
妻子	qīzi	(S)	Ehefrau, Gattin, Frau
手表	shǒubiǎo	(S)	Armbanduhr
送给	sònggěi	(V)	schenken
有名	yǒumíng	(adj)	bekannt
同事	tóngshì	(S)	Kollege/Kollegin, Mitarbeiter/Mitarbeiterin
选购	xuǎngòu	(V)	sich für etwas entscheiden

• 专有名词

圣诞节	Shèngdànjié	Weihnachten
斯蒂芬	Sīdìfēn	Stefan

语法注解 [yǔfǎ zhùjiě] Grammatik

注 Adverbiale Ergänzung der Zeit und Anzahl - Komplement der Zeit und Anzahl

Die adverbiale Ergänzung der Zeit und Anzahl wird hinter das Verb gestellt und drückt aus, wie lange oder wie oft die Tätigkeit durchgeführt wird.

例： 我已经盼了好久。
　　你等一会儿吧。

注 Verlaufssuffix 着 [zhe]

Das Verlaufssuffix wird direkt hinter das Verb gesetzt. Durch Verwendung von 着 wird verdeutlicht, dass die Bewegung oder der Zustand anhält bzw. fortgesetzt wird.

例： 电脑开着。
　　桌子上放着一张光盘。
　　王芳吃着苹果。
　　我看着电视。
　　刮着风，下着雨。

练习 [liànxí] Übung

1 拼音练习 [pīnyīn liànxí] – 近音字 [jìnyīnzì] – Übung mit den vier Tönen

里面	礼物	离开	经理	美丽	礼物
鸡蛋	机场	几个	记住	开心	新年
喝酒	很久	很旧	就是	光盘	广场
终于	愉快	汉语	下雨	预报	美玉
除夕	东西	学习	喜欢	洗衣	关系
应该	英语	迎接	电影	钟声	生日
妻子	期盼	骑车	汽车	起来	天气

2 读一读 [dú yi dú] – Lesen und Verstehen

圣诞节	打算旅游	终于得到了	十点以前
春节	打算买表	终于买到了	五号以前
新年	打算看京剧	终于写好了	星期天以前
除夕	打算爬长城	终于读完了	睡觉以前

吃苹果 —— 吃着苹果　　看电视 —— 看着电视
听音乐 —— 听着音乐　　唱歌 —— 唱着歌

3 看图说话 [kàntú shuōhuà] – Sätze bilden

1. 打算

美林

小龙

大卫

李维

美林 ____________________。 大卫 ____________________。

小龙 ____________________。 李维 ____________________。

2. 着

____________________。 ____________________。

____________________。 ____________________。

4 替换练习 [tìhuàn liànxí] – Dialogübung

1. A: 假期你打算怎么过？
   B: 我打算去萨尔斯堡玩儿。

周末	多瑙公园玩儿
新年	维也纳厅新年音乐会
圣诞节	法兰克福看姐姐

2. A: 张老师在吗？
   B: 电脑开着，他应该还没下班。

门开着	在房间
现在5点	在开会
没人接电话	下班了

5 读一读，背一背 [dú yi dú, bèi yi bèi] – Lesen, verstehen und auswendig lernen

《位置方向歌》

头在上，脚在下。面向前，背对后。
右手写字最灵巧，左手是我的好帮手。
上下楼梯靠右行，对面的左右交叉分。
横为行（排），从前数，竖为列（组），从左数。
位置方向分得清，人人夸我最聪明！

Tóu zài shàng, jiǎo zài xià. Miàn xiàng qián, bèi duì hòu.
Yòu shǒu xiězì zuì língqiǎo, zuǒ shǒu shì wǒ de hǎo bāngshǒu.
Shàngxià lóutī kào yòu xíng, duìmiàn de zuǒyòu jiāochā fēn.
Héng wéi háng (pái), cóng qián shǔ, shù wéi liè (zǔ) , cóng zuǒ shǔ.
Wèizhì fāngxiàng fēnde qīng, rénrén kuā wǒ zuì cōngming.

Kopf ist oben, Füsse sind unten. Gesicht nach vorne, Rücken ist hinten.
rechte Hand kann sehr geschickt schreiben, linke Hand ist meine gute Hilfe.
Treppen auf und unten bitte rechts gehen, links rechts von der Gegenseite ist verkehrt um.
Waagerecht heißt «háng/pái», wird von vorne gezählt, Senkrecht heißt «liè/zǔ», wird von links gezählt.
Position und Richtung genau kennen, jeder lobt meine Klugheit.

6 听力练习 [tīnglì liànxí] – Hörübungen

1. 听录音，回答问题 [tīng lùyīn, huídá wèntí] – Hören und Fragen beantworten
（1）安娜什么时候过生日？
（2）他有礼物了吗？
（3）他们打算做什么？

2. 听录音，回答问题 [tīng lùyīn, huídá wèntí] – Hören und Fragen beantworten
（1）手表在哪里？
（2）“我”和丽丽几点去看电影？
（3）李维要带什么给丽丽？

3. 听录音，回答问题 [tīng lùyīn, huídá wèntí] – Hören und Fragen beantworten
（1）他们打算去哪里？
（2）为什么他们现在不能去？
（3）圣诞市场开到几点？

你知道吗? [Nǐ zhīdào ma] Gewusst?

"年"的故事 – Die Geschichte über das Untier Nian 年

Laut Überlieferung gab es einmal ein Untier namens Nian. Es war sehr böse und wohnte tief unten im Meer. Nur zu Silvester kam es ans Land und fraß Mensch und Vieh, weshalb zu dieser Zeit alle in die Berge flohen.

Eines Silvesters, als sämtliche Leute wie gewohnt aus ihrem Dorf in die Berge flüchteten, kam ein als Bettler verkleideter Heiliger ins Dorf. Jedoch waren alle so sehr mit ihrer Flucht beschäftigt, sodass er niemandem auffiel. Nur eine alte Dame im Dorf gab ihm etwas zu essen und riet ihm zu fliehen. Er sagte aber, er wolle nur eine Nacht in ihrem Haus wohnen und könne das Untier vertreiben.

Die alte Dame und die restlichen Dorfbewohner flohen, nur der Bettler blieb im Dorf. In der Nacht kam das Untier Nian ins Dorf und sah etwas Ungewöhnliches im Haus der alten Dame. An der Tür hangen rote Papierstreifen, und im Haus brannten rote Kerzen. Das Untier war aufgebracht und griff schreiend das Haus an. Als es in die Nähe kam, begann etwas zu knallen. Da bekam das Untier Angst und zog sich zurück.

Zu Neujahr kamen die Dorfbewohner zurück und fanden das Dorf heil vor. Da erinnerte sich die alte Dame an den Bettler und führte die Nachbarn zu ihr nach Hause, wo sie die roten Papierstreifen, den noch brennenden Bambus, der in der Nacht so geknallt hatte, und die roten Kerzen sahen. Alle Dorfbewohner zogen frische Kleidung an und gingen von Haus zu Haus, um das neue Jahr zu begrüßen und die guten Nachrichten weiterzugeben.

Deswegen feiern die Chinesen das Neujahrsfest mit roten Spruchpaaren an der Tür und Feuerwerken, die die ganze Nacht lang knallen. Und am Neujahrstag gehen die Leute von Haus zu Haus, um sich gegenseitig zum Neujahr zu begrüßen.

过春节（过年），中国人的习俗是贴春联、贴窗花、放鞭炮、包饺子、做年糕，吃团圆饭。

Guò Chūnjié (Guò nián), Zhōngguó rén de xísú shì tiē chūnlián, tiē chuānghuā, fàng biānpào, bāo jiǎozi, zuò niángāo, chī tuányuán fàn.

1 小结 Xiǎojié – Zusammenfassung

旅游 [Lǚ yóu] Reise machen

暑假你去哪了?

我们游玩了北京、上海和西安。

你以前去过中国吗?

方位 [Fāng wèi] Positionen beschreiben

我的房间面对多瑙河。

右边是厨房和卫生间。

图书馆在商店的后边。

问路 [Wèn lù] Nach dem Weg fragen

请问，去火车站怎么走?

去机场怎么坐车?

这里离火车站远吗?

直走，第二个红绿灯向左转。

句型总结 [jùxíng zǒngjié] - Satzmuster im Überblick	
句型 [jùxíng] Satzmuster	例句 [lìjù] Beispiel
• V + 过	你去过中国吗? 我没听过京剧。
• 虽然……但是…	虽然不太懂，但我觉得很好听。
• 就要……了	我马上就要得到一张新床了。
• 一……就……	一躺上去就“吱吱”地响。
• 如果（要是）……就……	如果不堵车，四十分钟就到了。
• ……的时候	天气好的时候，我骑自行车去学校。
• 着	桌子上放着一张光盘。

上网查查 Im Internet surfen 6

1 对话 [duìhuà] Dialog

林纳：小龙，我的电脑出问题了，你能帮我看一下吗？
Lín Nà Xiǎolóng wǒ de diànnǎo chū wèntí le nǐ néng bāng wǒ kàn yíxià ma

小龙：对不起，我也不太懂。
Xiǎolóng Duìbuqǐ wǒ yě bú tài dǒng

林纳：你不是经常在电脑上玩游戏吗？
Lín Nà Nǐ bú shì jīngcháng zài diànnǎo shang wán yóuxì ma

小龙：我只会玩儿电脑，不会修电脑呀。
Xiǎolóng wǒ zhǐ huì wánr diànnǎo bú huì xiū diànnǎo ya

马克：我来看看。啊，你的电脑染上病毒了。
Mǎkè Wǒ lái kànkan À nǐ de diànnǎo rǎnshang bìngdú le

林纳：那怎么办？
Lín Nà Nà zěnme bàn

马克：你应该装一个杀毒软件。
Mǎkè Nǐ yīnggāi zhuāng yí ge shādú ruǎnjiàn

2 对话 [duìhuà] Dialog

马兰：我想买台新电脑，可是太贵了。
Mǎ Lán Wǒ xiǎng mǎi tái xīn diànnǎo kěshì tài guì le

石大海：你去网上商店看看，那里一般会便宜不少。
Shí Dàhǎi Nǐ qù wǎngshang shāngdiàn kànkan nàli yìbān huì piányi bù shǎo

马兰：是不是要等很久？
Mǎ Lán Shìbushì yào děng hěn jiǔ

石大海：两三天就到了。
Shí Dàhǎi Liǎng sān tiān jiù dào le

3 对话 [duìhuà] Dialog

王芳：今年春节是哪一天？
Wáng Fāng Jīnnián Chūnjié shì nǎ yì tiān

李维：上网 查查吧。
Lǐ Wéi Shàngwǎng chácha ba

王芳：新年是二月三号。今年是龙年。
Wáng Fāng Xīnnián shì èr yuè sān hào Jīnnián shì lóngnián

李维：我哥哥是属龙的。
Lǐ Wéi wǒ gēge shì shǔ lóng de

王芳：哎，十二生肖里怎么没有猫呀？
Wáng Fāng Ài shí'èr shēngxiào li zěnme méiyǒu māo ya

李维：问得好！看看 网上 怎么说。
Lǐ Wéi Wèn de hǎo Kànkan wǎngshang zěnme shuō

课文 [kèwén] Text

手机短信
Shǒujī duǎnxìn

马丁，我的电脑又坏了，可能两个星期后才能修好。
Mǎdīng wǒ de diànnǎo yòu kuài le kěnéng liǎng ge xīngqī hòu cáinéng xiū hǎo

这两天没法收发邮件。有事给我发短信吧。你在微信上也能
Zhè liǎng tiān méifǎ shōufā yóujiàn Yǒushì gěi wǒ fā duǎnxìn ba Nǐ zài wēixìn shang yě néng

找到我。
zhǎodao wǒ

生词 [shēngcí] Vokabeln:

上网	shàngwǎng	(V)	im Internet surfen
查	chá	(V)	nachschlagen, untersuchen
出	chū	(V)	auftauchen, erscheinen
帮	bāng	(V)	helfen
游戏	yóuxì	(S)	Spiel
修	xiū	(V)	reparieren
染	rǎn	(V)	sich anstecken, kontaminieren
病毒	bìngdú	(S)	Virus
办	bàn	(V)	erledigen
装	zhuāng	(V)	installieren, montieren
杀毒	shā dú	(V)	Viren bekämpfen
软件	ruǎnjiàn	(S)	Software
贵	guì	(Adj)	teuer
一般	yìbān	(Adv)	gewöhnlich, normal, allgemein
春节	Chūnjié	(S)	Frühlingsfest
龙年	lóngnián	(S)	Jahr des Drachens
属	shǔ	(V)	gehören, unterstellen
哎	āi	(Interj)	Ach! Nanu! Oh!
生肖	shēngxiào	(S)	Sternzeichen, Tierkreiszeichen
短信	duǎnxìn	(S)	kurzer Brief, SMS
坏	huài	(Adj)	kaputt, schlecht
没法	méifǎ		keine Möglichkeit, nicht möglich
收发	shōufā	(V)	empfangen und senden
微信	wēixìn	(S)	Wechat

语法注解 [yǔfǎ zhùjiě] Grammatik

Verdopplung von Verben

Durch die Verdopplung des Verbes wird ausgedrückt, dass die Tätigkeit nur wenige Male oder bloß sehr kurz durchgeführt wird. Außerdem kann damit eine höfliche Bitte formuliert werden.
Bei Ein-Zeichen-Verben wird das Verb einfach verdoppelt, wobei das Zweite leiser ausgesprochen wird. Beispiel: A → AA
Für Zwei-Zeichen-Verben gilt: AB → ABAB

例： 我来看看。
上网查查。
明天的时间你帮我安排安排。
你也高兴高兴。

反问句 Die rhetorische Frage mit 不是……吗 [búshì …… ma] ?

Mit dieser Form wird eine Tatsache bestätigt und auf die Offensichtlichkeit dieser aufmerksam gemacht, manchmal mit einem Nebengeschmack der Unzufriedenheit.

例： 你不是经常在电脑上玩游戏吗？
你不是去过那个地方吗？

Mit Fragepronomen 怎么，哪里…

例： 这个星期怎么没有中文课呀？（这个星期应该有中文课）
你怎么还没写完呢？（你应该写完了）

Das Komplement des Resultats

Einige Adjektive können hinter einem Verb als Komplement des Resultats fungieren.

例： 那里一般会便宜不少。
这里的东西贵很多。

Modalverb 会 [huì] ?

Das Modalverb 会 drückt aus, dass eine Fähigkeit durch Lernen erworben wurde, oder dass jemand fähig ist, etwas zu tun.

例： 我只会玩电脑，不会修电脑。
你会说几种外语？

Durch Verwendung des Modalverbs “会” kann auch eine Möglichkeit ausgedrückt werden.

例： 那里一般会便宜不少。
你明天会来吗？

练习 [liànxí] Übung

1 拼音练习 [pīnyīn liànxí] – 近音字 [jìnyīnzì] – Übung mit den vier Tönen

检查 很差 | 帮忙 很棒 | 除夕 复习 | 喜欢 游戏

染上 当然 | 贵姓 快轨 | 病毒 读书 | 堵车 度过

属龙 看书 | 一般 一半 | 生肖 学校 | 笑话 春晓

短信 新年 | 收看 手机 | 收发 法语 | 电脑 商店

2 读一读 [dú yi dú] – Lesen und Verstehen

看　看看　看一看　上网看看　上网看一看

查　查查　查一查　在字典上查查

找　找找　找一找　在书包里找找

修　修修　修一修　他修修电脑

参观　参观参观　我能参观参观你们的学校吗？

介绍　介绍介绍　你来介绍介绍北京吧。

电脑出问题了，两个星期才能修好。

汽车出问题了，一个小时才能到机场。

自行车坏了，只能坐地铁了。

手表坏了，我没法知道时间了。

下雪天，我没法骑自行车上学。

钱不够，我没法买文具盒了。

堵车，一点钟我没法赶到了。

3 用“怎么”改写句子 [zhào lìzi yòng «zěnme» gǎixiě jùzi] – Sätze mit 怎么 umformulieren

例：十二生肖里没有猫。 → 十二生肖里怎么没有猫呀？

1. 这个星期没有中文课。 → ______________________？
2. 小龙不会修电脑。 → ______________________？
3. 他们没去北京。 → ______________________？
4. 林纳没有字典。 → ______________________？

4 看图说话 [kàntú shuōhuà] – Sätze bilden

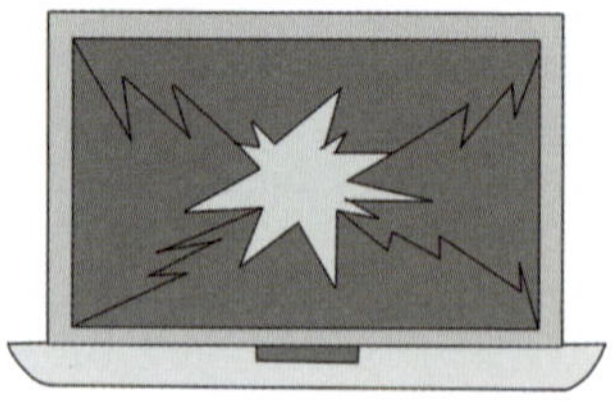

1. ______________________________。

2. ______________________________。

3. ______________________________。

5 替换练习 [tìhuàn liànxí] – Dialogübung

A: 我想买台电脑，可是太贵了。
B: 你去网上商店看看，那里一般会便宜不少。
A: 是不是要等很久？
B: 两三天就到了。

手机
咖啡机
游戏机

两天
当天
一个星期

6 听力练习 [tīnglì liànxí] – Hörübungen

1. 听录音，回答问题 [tīng lùyīn, huídá wèntí] – Hören und Fragen beantworten

（1）林纳的手机可以做什么？
（2）星期六下雨吗？星期天下雨吗？星期天天气怎么样？
（3）林纳也去爬山吗？

2. 选择正确的短信图 [xuǎnzé zhèngquè de tuǎnxìntú] – Welches Bild passt zu welcher Nachricht?

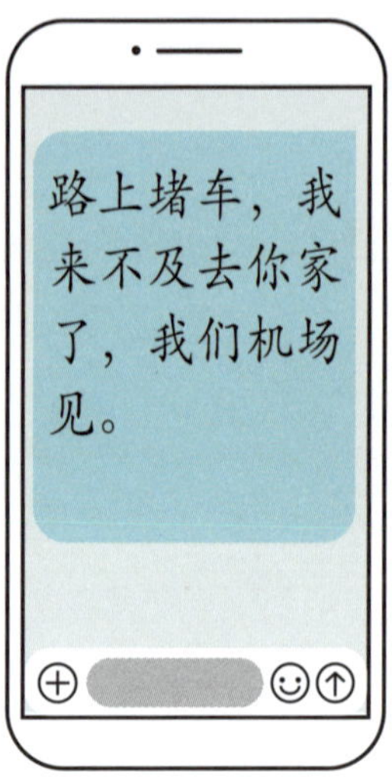

A

B

C

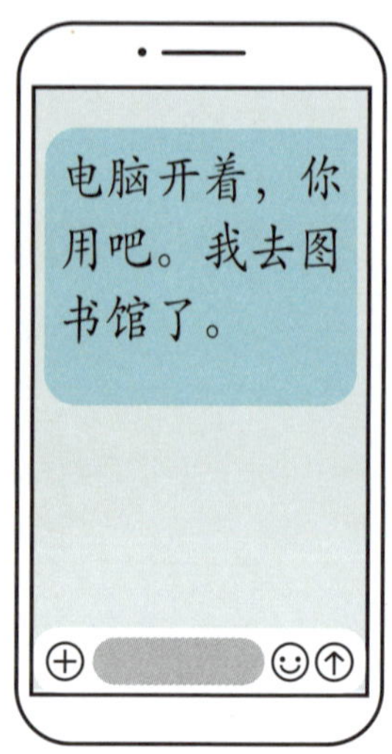

D

你知道吗? [Nǐ zhīdào ma] Gewusst?

十二生肖 - Die zwölf Tierkreiszeichen

Die chinesischen Tierkreiszeichen 生肖 [shēngxiào] oder 属相 [shǔxiàng] werden mit 12 Tieren dargestellt, die jeweils 12 aufeinander folgende Jahre kennzeichnen, diese sind: 鼠 [shǔ, Ratte]、牛 [niú, Stier]、虎 [hǔ, Tiger]、兔 [tù, Hase]、龙 [lóng, Drache]、蛇 [shé, Schlange]、马 [mǎ, Pferd]、羊 [yáng, Schaf]、猴 [hóu, Affe]、鸡 [jī, Hahn]、狗 [gǒu, Hund]、猪 [zhū. Schwein]. Gemeinsam mit den Zahlen des Zahlungssystems «Erdzweig» (子 [zǐ]、丑 [chǒu] 寅 [yín]、卯 [mǒu]、辰 [chén]、巳 [sì]、午 [wǔ]、未 [wèi]、申 [shēn]、酉 [yǒu]、戌 [xù]、亥 [hài]) werden die Tierkreiszeichen zu: 子鼠 [zǐ shǔ]、丑牛 [chǒu niú]、寅虎 [yín hǔ]、卯兔 [mǒu tù]、辰龙 [chén lóng]、巳蛇 [sì shé]、午马 [wǔ mǎ]、未羊 [wèi yáng]、申猴 [shēn hóu]、酉鸡 [yǒu jī]、戌狗 [xù gǒu]、亥猪 [hài zhū]. Jede Person wird dem Tier im Tierkreiszeichen zugeschrieben, das seinem Geburtsjahr zugeordnet ist. Die Tierkreiszeichen wiederholen sich alle 12 Jahre. Die Jahre, in denen das eigene Alter ein Vielfaches von 12 ist, werden als "本命年 [běnmìngnián, Schicksalsjahr]" bezeichnet.

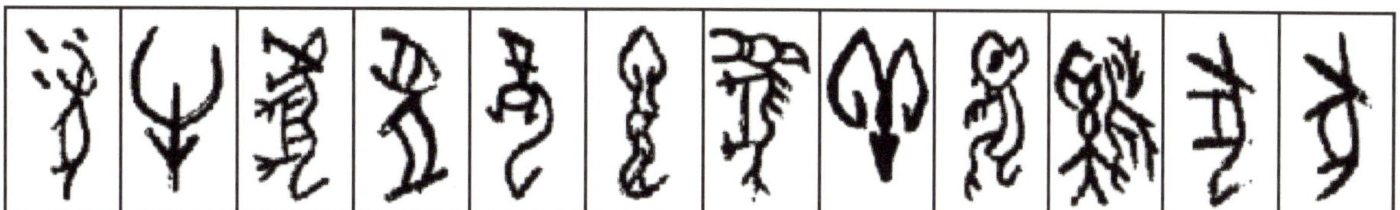

鼠	牛	虎	兔	龙	蛇	马	羊	猴	鸡	狗	猪
1984	1985	1986	1987	1988	1989	1990	1991	1992	1993	1994	1995
1996	1997	1998	1999	2000	2001	2002	2003	2004	2005	2006	2007
2008	2009	2010	2011	2012	2013	2014	2015	2016	2017	2018	2019
2020	2021	2022	2023	2024	2025	2026	2027	2028	2029	2030	2031

十二生肖

中国及东南亚一些民族用十二种动物来代表年份，称为十二生肖或十二属相。

Shí'èr shēngxiào

Zhōngguó jí Dōngnányà yìxiē mínzú yòng shí'èr zhǒng dòngwù lái dàibiǎo niánfèn, chēngwéi shí'èr shēngxiào huò shí'èr shǔxiàng

7 我更喜欢唱歌和跳舞

Ich tanze und singe lieber

1 对话 [duìhuà] Dialog

石大海：昨天的比赛你看了吗？
Shí Dàhǎi　Zuótiān de bǐsài nǐ kàn le ma

马兰：什么比赛？
Mǎ Lán　Shénme bǐsài

石大海：世界杯足球赛呀！
Shí Dàhǎi　Shìjièbēi zúqiú sài ya

巴西队对德国队。
Bāxī duì duì déguó duì

马兰：没看，我对足球没兴趣。
Mǎ Lán　Méi kàn wǒ duì zúqiú méi xìngqù

我昨天去听了一场歌剧《费加罗的婚礼》。
Wǒ zuótiān qù tīng le yì chǎng gējù Fèijiāluó de hūnlǐ

石大海：你喜欢古典音乐？我觉得流行音乐更有意思。
Shí Dàhǎi　Nǐ xǐhuan gǔdiǎn yīnyuè　Wǒ juéde liúxíng yīnyuè gèng yǒu yìsi

2 对话 [duìhuà] Dialog

马克：对不起，我来晚了。现在几比几了？
Mǎkè Duìbuqǐ wǒ lái wǎn le Xiànzài jǐ bǐ jǐ le

大卫：35比35。你来得正合适，快给我们班加油吧！
Dàwèi Sānshíwǔ bǐ sānshíwǔ Nǐ lái de zhèng héshì kuài gěi wǒmen bān jiāyóu ba

课文 [kèwén] Text

收件人：美玲

主题：你好！

美玲，
Měilíng

你好！最近学习忙吗？
Nǐ hǎo Zuìjìn xuéxí máng ma

这次，我来介绍一下我们班的同学。
Zhè cì wǒ lái jièshào yíxià wǒmen bān de tóngxué

我们班的同学都很喜欢运动。高树每天早上跑步。李维星期六经常去游泳。石大海最喜欢打篮球。我呢，对运动不太感兴趣，我更喜欢唱歌和跳舞。上个星期，我们学校举行了一场精彩的排球比赛。我们班赢了。我们都非常高兴。
Wǒmen bān de tóngxué dōu hěn xǐhuan yùndòng Gāo Shù měitiān zǎoshang pǎobù Lǐ Wéi xīngqī liù jīngcháng qù yóuyǒng Shí Dàhǎi zuì xǐhuan dǎ lánqiú Wǒ ne duì yùndòng bú tài gǎn xìngqu wǒ gèng xǐhuan chànggē hé tiàowǔ Shàngge xīngqī wǒmen xuéxiào jǔxíng le yì chǎng jīngcǎi de páiqiú bǐsài Wǒmen bān yíng le Wǒmen dōu fēicháng gāoxìng

美玲，你喜欢什么运动？
Měilíng nǐ xǐhuan shénme yùndòng

祝好！
Zhù hǎo

安娜
Ānnà

生词 [shēngcí] Vokabeln:

比赛	bǐsài	(S)	Wettkampf
世界	shìjiè	(S)	Welt
世界杯	shìjiè bēi	(S)	Weltcup
球赛	qiúsài	(S)	(Ball-)Spiel
队	duì	(S)	Team, Gruppe，Mannschaft
对	duì	(Präp)	für, gegenüber
兴趣	xìngqu	(S)	Interesse
场	chǎng	(S)	ZEW
歌剧	gējù	(S)	Oper
古典	gǔdiǎn	(Adj)	klassisch
流行	liúxíng	(Adj)	verbreitet, gängig, üblich, populär
更	gèng	(Adv)	noch mehr als
忙	máng	(Adj)	beschäftigt
每天	měitiān	(Adv)	jeden Tag
跑步	pǎobù	(S/V)	Laufen, laufen
游泳	yóuyǒng	(S/V)	Schwimmen, schwimmen
跳舞	tiàowǔ	(S/V)	Tanzen, tanzen
上个	shàngge		letzte, vorherige
举行	jǔxíng	(V)	veranstalten
精彩	jīngcǎi	(Adj)	ausgezeichnet, herrlich
赢	yíng	(V)	gewinnen
非常	fēicháng	(Adv)	besonders, außerordentlich
乒乓球	pīngpāngqiú	(S)	Tischtennis
几比几	jǐ bǐ jǐ		Wie viel zu wie viel? Wie steht das Spiel?
比	bǐ	(V)	... zu ..., vergleichen
合适	héshì	(Adj)	passend, geeignet
加油	jiāyóu	(V)	anfeuern

• 专有名词

巴西	Bāxī	Brasilien
费家罗的婚礼	Fèijiāluó de Hūnlǐ	Die Hochzeit des Figaro (Le nozze di Figaro)

语法注解 [yǔfǎ zhùjiě] Grammatik

对……没/有兴趣 [duì ...méi/yǒu xìngqu] oder 对……感/不感兴趣 [duì ... gǎn/bù gǎn xìngqu] - an etwas Interesse haben/nicht haben

Durch die Präposition 对 [duì] wird das Zielobjekt oder Bezugsobjekt eingeführt.

例： 我对足球有兴趣。 我对足球没兴趣。
我对运动感兴趣。 我对运动不感兴趣。

更 [gèng] - komparativ für eine Steigerung

Durch das Adverb 更 [gèng] vor ein Adjektiv oder Verb wird eine komparative Form dieses Adjektivs/Verbes gebildet, die „noch mehr (als)" bedeutet.

例： 我觉得流行音乐更有意思。
她更喜欢跳舞。

Partikel 得 [de]

Ein Komplement des Grades wird mit der Partikel 得 gebildet, die zwischen Verb und Adjektiv steht. Mit einem Komplement des Grades wird das Prädikat näher erläutert. Das angehängte, meist adjektive Satzglied macht eine Aussage über den Wirkungsgrad und Ausmaß eines Zustandes oder einer Handlung.

例： 昨天的乒乓球赛打得很精彩。
你来得正合适。

练习 [liànxí] Übung

1 拼音练习 [pīnyīn liànxí] – 近音字 [jìnyīnzì] – Übung mit den vier Tönen

游泳 用笔 一条 跳舞 老师 时间 世间
举行 京剧 精彩 风景 没有 每天 妹妹
喝水 河水 乒乓 苹果 大街 姐姐 世界
邮票 加油 没有 又做

2 读一读 [dú yi dú] – Lesen und Verstehen

足球比赛	对运动感兴趣	我更喜欢旅游。
篮球比赛	对歌剧不感兴趣	我更喜欢玩电脑游戏。
排球比赛	对京剧感兴趣	我更喜欢爬山。
舞蹈比赛	对游戏不感兴趣	我更喜欢听音乐会。
唱歌比赛	对音乐感兴趣	我更喜欢游泳。

3 看图说话 [kàntú shuōhuà] – Sätze bilden

你喜欢什么运动？

他呢？

______________________。 ______________________。

安娜对什么感兴趣？

小龙呢？

______________________。 ______________________。

4 替换练习 [tìhuàn liànxí] – Dialogübung

A：昨天的乒乓球比赛怎么样？
B：打得很精彩。
A：谁赢了？
B：中国队赢了。

前天
上星期
星期天

游泳
网球
篮球

美国
德国
法国

5 听力练习 [tīnglì liànxí] – Hörübungen

1. 听录音，选词填空 [xuǎncí tiánkòng] – Hören und Sätze vervollständigen

（1）A：你喜欢吃__________（法国饭/中国饭）吗？

B：我________（更/不）喜欢吃中国饭。北京烤鸭是我的最爱。

（2）我喜欢流行音乐，对古典音乐也__________（很感兴趣/不感兴趣）。

（3）昨天的乒乓球比赛________（打/踢）得很精彩。

（4）今天下午有篮球比赛，英国队________（对/比）德国队。

2. 听录音，回答问题 [tīng lùyīn, huídá wèntí] – Hören und Fragen beantworten

（1）美玲的同学喜欢运动吗？

（2）他们做什么运动？

（3）老人们做什么运动？

你知道吗？ [Nǐ zhīdào ma] Gewusst?

太极拳 – Taijiquan

Taijiquan (abgekürzt auch als Taiji) ist eine in China entwickelte Kampfkunst, welche die chinesische Weisheit verinnerlicht und die tiefgründigen Lehren der klassischen chinesischen Philosophie verbindet.

Die Angaben zur Entwicklungsgeschichte des Taijiquan sind teils sehr widersprüchlich. Oft sagt man, dass Taiji im Dorf Chenjiagou in der Provinz Henan entstand. Später verbreitete sich diese Kampfkunstin ganz China. Dabei entstanden auch verschiedene Stile, wie Yang-Stil, Wu-Stil, Sun-Stil, usw. Taiji ist eine harmonische Vereinigung zwischen Kampfkunst, Qigong und daoistischer Atemübungen. Das Hauptprinzip des Taijiquan ist die Weichheit der Bewegungen – der Übende soll sich natürlich, entspannt, locker und fließend bewegen. Durch eine langzeitige Übung werden Gesundheit gefördert, besonders die Herz- und Lungenfunktionen werden gestärkt.

太极拳是中国武术的一种，长期练习可以强健身体。

Tàijíquán shì Zhōngguó wǔshù de yì zhǒng, chángqī liànxí kěyǐ qiángjiàn shēntǐ.

8 我用眼睛看世界

Ich sehe die Welt mit meinen Augen

我用眼睛看世界，
Wǒ yòng yǎnjing kàn shìjiè

我用耳朵听音乐，
Wǒ yòng ěrduo tīng yīnyuè

我用鼻子闻花香，
Wǒ yòng bízi wén huāxiāng

我用嘴巴尝百味。
Wǒ yòng zuǐba cháng bǎiwèi

玛丽的头发长。
Mǎlì de tóufa cháng

爷爷很累。
Yéye hěn lèi

马丁比李维跑得快。
Mǎdīng bǐ Lǐ Wéi pǎo de kuài

蓝色的裤子短。
Lánsè de kùzi duǎn

弟弟很胖。
Dìdi hěn pàng

姐姐比妹妹起得早。
Jiějie bǐ mèimei qǐ de zǎo

课文 [kèwén] Text

马丁长得又高又大，是我们班个子最高的。他眼睛圆圆
Mǎdīng zhǎng de yòu gāo yòu dà shì wǒmen bān gèzi zuì gāo de Tā yǎnjing yuányuán

的，鼻子高高的，头发很短，经常 穿一条牛仔裤。他说话很
de bízi gāogāo de tóufa hěn duǎn jīngcháng chuān yì tiáo niǔzǎikù Tā shuōhuà hěn

快，长得很帅。你一眼就能认出他。
kuài chǎng de hěn shuài Nǐ yì yǎn jiù néng rènchu tā

1 对话 [duìhuà] Dialog

王芳：你怎么又迟到了！是不是昨晚玩游戏，睡得太晚了？
Wáng Fāng Nǐ zěnme yòu chídào le Shìbushì zuówǎn wán yóuxì shuì de tài wǎn le

马克：不是玩游戏，是看碟。我看了五遍中文版的《哈利波特》。
Mǎkè Bú shì wán yóuxì shì kàn dié Wǒ kàn le wǔ biàn zhōngwén bǎn de Hālì Bōtè

王芳：为什么看了五遍？
Wáng Fān Wèishénme kàn le wǔ biàn

马克：因为我看不太懂。
Mǎkè Yīnwèi wǒ kàn bu tài dǒng

课文 [kèwén] Text

安娜的邮件
Ānnà de yóujiàn

收件人：美玲

主题：你好！

美玲，你好！
Měilíng nǐ hǎo

听说你那里很热。维也纳的夏天比北京凉爽，平均25°C左右。
Tīngshuō nǐ nàli hěn rè Wéiyěnà de xiàtiān bǐ Běijīng liángshuǎng píngjūn èrshíwǔ dù zuǒyòu

维也纳的冬天比北京冷，经常下雪。奥地利是滑雪圣地。如果下次你冬天来，我们可以一起去滑雪。
Wéiyěnà de dōngtiān bǐ Běijīng lěng jīngcháng xiàxuě Àodìlì shì huáxuě shèngdì Rúguǒ xiàcì nǐ dōngtiān lái wǒmen kěyǐ yìqǐ qù huáxuě

安娜
Ānnà

生词 [shēngcí] Vokabeln:

眼睛	yǎnjing	(S)	Auge
耳朵	ěrduo	(S)	Ohr
鼻子	bízi	(S)	Nase
闻	wén	(V)	riechen, hören
花香	huāxiāng	(S)	Blumenduft
嘴巴	zuǐba	(S)	Mund
尝	cháng	(V)	schmecken, probieren
百味	bǎi wèi	(S)	sehr viele Geschmäcker/Gerüche
头发	tóufa	(S)	Haar
累	lèi	(V)	müde
裤子	kùzi	(S)	Hose
胖	pàng	(Adj)	dick
个子	gèzi	(S)	Körpergröße, Gestalt, Statur
穿	chuān	(V)	anziehen, durchqueren
牛仔裤	niúzǎikù	(S)	Jeans
说话	shuōhuà	(V)	sprechen
帅	shuài	(Adj)	gut aussehend, schick
一眼	yì yǎn	(Adv)	auf ersten Blick
认出	rènchu	(V)	etwas erkennen, herausfinden
迟到	chídào	(V)	zuspät kommen, sich verspäten
碟	dié	(S)	DVD, CD, Schälchen
遍	biàn	(ZEW)	Einmal (ZEW für Verb)
中文版	Zhōngwén bǎn	(S)	Version auf Chinesisch
凉爽	liángshuǎng	(Adj)	kühl
平均	píngjūn	(Adj)	Durchschnitt, Mittel
左右	zuǒyòu	(Adv)	rund, links und rechts
圣地	shèngdì	(S)	Wallfahrtsland, Heiliges Land

• 专有名词

哈利·波特	Hālì Bōtè	Harry Potter

语法注解 [yǔfǎ zhùjiě] Grammatik

Vergleiche mit 比 [bǐ] in adjektiven Sätzen

Durch die Verwendung von 比 [bǐ] zwischen zwei Nomen wird ein Unterschied zum Ausdruck gebracht. Das adjektivische Prädikat am Satzende enthält in diesen Fällen bereits den Steigerungsaspekt. Mit der Form "A 比B" wird ausgedrückt, dass A bezüglich der adjektiven Eigenschaft B übertrifft.

例： 维也纳的夏天比北京凉爽。
她比你高。

Soll der Vergleich negativ ausfallen, so kann man:

- ein entsprechendes Adjektiv mit negativer Bedeutung in eine der oben genannten Formen einsetzen.

这个比那个大。 → 这个比那个小。

- Negationsform: an Stelle von 比 wird 没有, seltener 不比, angewendet.

这个比那个大。 → 这个没有那个大。
这个不比那个大。

又……又…… [yòu……yòu……]

Durch Verwendung dieser Konstruktion wird zum Ausdruck gebracht, dass zwei Aktionen, Verhalten oder Zustände gleichzeitig existieren. In den Fällen, dass hinter beiden "又" Adjektive stehen, müssen beide gleichzeitig positiv oder gleichzeitig negativ bewertend sein. In den Fällen, dass hinter beiden "又" Verben stehen, bedeutet es, dass beide Aktionen gleichzeitig stattfinden.

例： 又高又大
又唱歌又跳舞

Verdoppelung von Adjektiven

Durch eine Verdopplung von Adjektiven wird die beschreibende, emotionale Wirkung dieser Wörter verstärkt, in diesem Fall entfällt die adverbiale Ergänzung.

例： 她的眼睛很圆。 → 她的眼睛圆圆的。
她的头发很短。 → 她的头发短短的。

练习 [liànxí] Übung

1 拼音练习 [pīnyīn liànxí] – 近音字 [jìnyīnzì] – Übung mit den vier Tönen

颜色 眼色 | 眼睛 风景 | 温度 问题 见闻
很多 耳朵 | 鼻子 比赛 | 尝尝 剧场 唱歌
法语 头发 | 牛仔 再见 | 吃饭 迟到 尺子
两边 两遍 | 乒乓 平均 | 嘴巴 八人 爸爸
乒乓 旁边 很胖 | 一般 出版 一半

2 读一读 [dú yi dú] – Lesen und Verstehen

快 - 慢	热 - 冷	新 - 旧	又高又大
早 - 晚	远 - 近	上 - 下	又多又快
长 - 短	多 - 少	左 - 右	又饿又累
高 - 矮	里 - 外	好 - 坏	又矮又胖

3 看图说话 [kàntú shuōhuà] – Sätze bilden

他长得什么样？

他的眼睛______________。

他呢？

他的个子______________。

他的身体______________。

她的头发______________。

4 用"比"造句子 [Yòng " bǐ " zào jù zi] – Sätze bilden mit "比"

1.姐姐15岁，杰克16岁。

姐姐比________________。

2.鱼10元/公斤，肉8元/公斤。

鱼比________________。

3.英语班12人，中文班10人。

英文班的学生比________________。

4.篮球，乒乓球 （大小）。

篮球比________________。

5 介绍一下你们那里的天气 [jièshào yíxiàr nǐmen nàli de tiānqi] – Einen Text über das Wetter im eigenen Wohnort schreiben

____

____

____

____

6 替换练习 [tìhuàn liànxí] – Dialogübung

玛丽的头发 小龙的房间 昨天的温度 机场 钢笔	比	小龙的 马丁的 今天的 火车站 铅笔	的	长 大 高 远 贵

7 听力练习 [tīnglì liànxí] – Hörübungen

1. 听录音，连一连 [lián yi lián] – Welches Bild passt zu welchem Satz?

（1）玛丽的眼睛圆圆的，头发长长的。

（2）马丁最喜欢打篮球。

（3）马兰的哥哥经常去奥地利滑雪。

（4）蓝色的裤子比绿色的短。

2. 听录音，回答问题 [tīng lùyīn, huídá wèntí] – Hören und Fragen beantworten

（1）石大海为什么又迟到了？

（2）哪个队踢得好？ 他们进了几个球？

（3） 哪个队赢了？

（4）石大海经常看球赛吗？

你知道吗？ [Nǐ zhīdào ma] Gewusst?

北京的天气 – Das Wetter in Beijing

Die vier Jahreszeiten in Beijing sind sehr ausgeprägt:

- Frühling: die Temperatur steigt schnell an, wobei die Temperaturdifferenz zwischen Tag und Nacht am größten ist. Die Luft ist sehr trocken und der Wind lebendig, oft gibt es Sandstürme. Die Kaltluft ist im Frühling sehr aktiv, deswegen gibt es oft Temperaturstürze und Spätfrost. Es mangelt an Niederschlag, so dass eine Bauernregel für alle zehn Frühlinge neun Dürrejahre voraussagt.
- Sommer: sehr heiß und es gibt starke Regenfälle. Außer in hügeligen Regionen beträgt die Durchschnittstemperatur in Beijing über 24°C. Juli ist der heißeste Monat des ganzen Jahres. Es herrscht ein stabiles Hochdruckwetter, die Temperaturdifferenz zwischen Tag und Nacht ist meistens gering. 70% der Jahresniederschlagmengen fallen im Sommer.
- Herbst: stabiles Hochdruckwetter, nicht kalt und auch nicht warm heiß. Nordwestwinde verursachen Abkühlungen und oft tritt der erste Frost vorzeitig ein.
- Winter: kalt und trocken. Definiert man den Winter mit Durchschnittstemperatur unter 0°C, so dauert er in Beijing bis zu fünf Monate. Es gibt selten Niederschlag, aber sehr viele sonnige Tage.

北京的天气

北京气候的主要特点是四季分明。春季多风干旱，夏季炎热多雨，秋季天高气爽，冬季寒冷干燥。风向有明显的季节变化，冬季盛行西北风，夏季盛行东南风。

Běijīng de tiānqi

Běijīng qìhòu de zhǔyào tèdiǎn shì sìjì fēnmíng. Chūnjì duōfēng gānhàn, xiàjì yánrè duōyǔ, qiūjì tiāngāo qìshuǎng, dōngjì hánlěng gānzào; fēngxiàng yǒu míngxiǎn de jìjié biànhuà, dōngjì shèngxíng xīběi fēng, xiàjì shèngxíng dōngnán fēng.

我全身不舒服
Ich fühle mich von Kopf bis Fuß unwohl

9

1 对话 [duìhuà] Dialog

丽丽：小龙，你今天有时间吗？我们去看电影吧。
Lìlì Xiǎolóng Nǐ jīntiān yǒu shíjiān ma Wǒmen qù kàn diànyǐng ba

小龙：对不起，我不能去。我头疼，全身不舒服。
Xiǎolóng Duìbuqǐ wǒ bù néng qù Wǒ tóuténg quánshēn bù shūfu

丽丽：你是不是感冒了？
Lìlì Nǐ shìbushì gǎnmào le

我陪你去看病吧。
Wǒ péi nǐ qù kànbìng ba

2 对话 [duìhuà] Dialog

医生：你哪儿不舒服？
Yīshēng Nǐ nǎr bù shūfu

小龙：医生，我头疼，嗓子也疼。
Xiǎolóng Yīshēng wǒ tóuténg sǎnzi yě téng

医生：让我看一看。你嗓子发炎了，还有点儿发烧。
Yīshēng Ràng wǒ kànyikàn Nǐ sǎngzi fāyán le hái yǒudiǎnr fāshāo

小龙：我全身不舒服。
Xiǎolóng Wǒ quánshēn bù shūfu

医生：我给你开点儿药。你要多喝水，在家休息两天。
Yīshēng Wǒ gěi nǐ kāi diǎnr yào Nǐ yào duō hēshuǐ zài jiā xiūxi liǎng tiān

小龙：马上要考试了，
Xiǎolóng Mǎshang yào kǎoshì le

我还没复习好呢。
wǒ hái méi fùxí hǎo ne

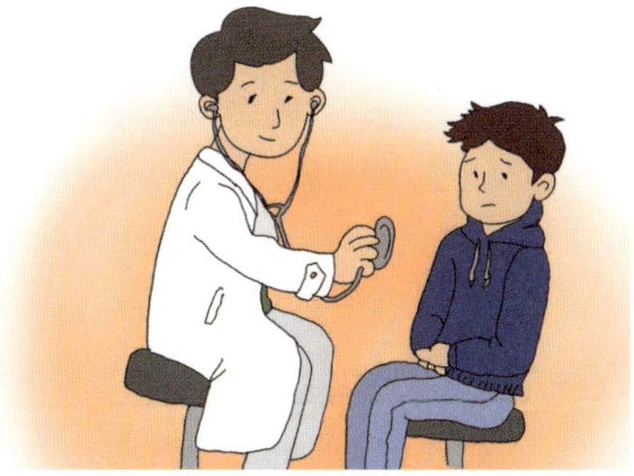

医生：别着急，还是
Yīshēng Bié zháojí háishì

好好休息吧，等病好了再去上学。
hǎohǎo xiūxi ba děng bìng hǎo le zài qù shàngxué

9 我全身不舒服 Ich fühle mich von Kopf bis Fuß unwohl

小龙：请问，药店在哪里？
Xiǎolóng Qǐngwèn yàodiàn zài nǎli

路人：向前走，第二个路口向右转。
Lùrén Xiàng qián zǒu dì-èr ge lùkǒu xiàng yòu zhuǎn

一天三次，一次一片。
Yì tiān sān cì yí cì yí piàn

妈妈：你怎么了？
Māma Nǐ zěnme le

孩子：我头疼，好像是感冒了。
Háizi wǒ tóuténg hǎoxiàng shì gǎnmào le

妈妈：天凉了，让你多穿点儿衣服，你怎么不听呢？
Māma Tiān liáng le ràng nǐ duō chuān diǎnr yīfu nǐ zěnme bù tīng ne

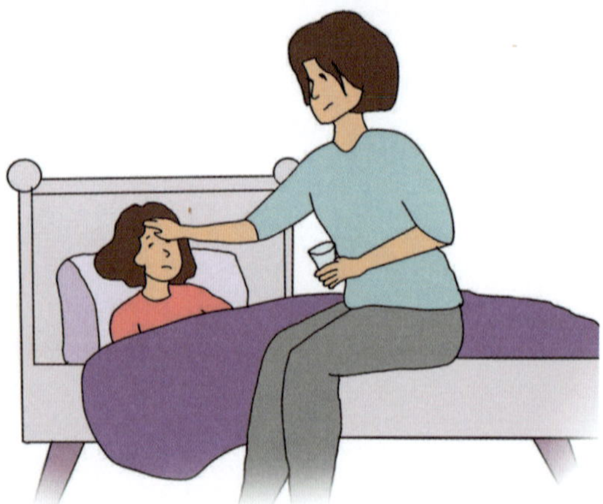

课文 [kèwén] Text

丽丽生病了，在家躺着呢。她头疼，嗓子疼，很不舒服。医生给她开了药，让她在家休息。可是她不喜欢吃药，她想吃冰淇淋。
Lìli shēngbìng le zài jiā tǎngzhe ne Tā tóuténg sǎnzi téng hěn bù shūfu Yīshēng gěi tā kāi le yào ràng tā zài jiā xiūxi Kěshì tā bù xǐhuan chī yào tā xiǎng chī bīngqílín

生词 [shēngcí] Vokabeln:

舒服	shūfu	*(Adj)*	sich wohl fühlen, bequem
头疼	tóuténg	*(V)*	Kopfschmerzen, Kopfweh
全身	quánshēn	*(Adv)*	ganzer Körper
感冒	gǎnmào	*(V)*	Erkältung, Grippe, sich erkälten
陪	péi	*(V)*	begleiten
看病	kànbìng	*(V)*	zum Arzt gehen
嗓子	sǎngzi	*(S)*	Kehle, Hals
让	ràng	*(V)*	jemanden etwas tun lassen
发炎	fāyán	*(V)*	Entzündung
有点儿	yǒudiǎnr	*(Adv)*	etwas, ein bisschen
发烧	fāshāo	*(V)*	Fieber haben
开药	kāiyào	*(V)*	jemandem etwas verschreiben/verordnen
休息	xiūxi	*(V)*	ruhen, Pause machen
考试	kǎoshì	*(S/V)*	Prüfung, Test
复习	fùxí	*(V)*	nachbereiten, wiederholen
别	bié	*(Adv)*	nicht
着急	zháojí	*(Adj)*	aufgeregt, nervös
药店	yàodiàn	*(S)*	Apotheke
好像	hǎoxiàng	*(Adv)*	aussehen wie, (es scheint) als ob
生病	shēngbìng	*(V)*	krank werden, erkranken
冰淇淋	bīngqílín	*(S)*	Eiscreme

语法注解 [yǔfǎ zhùjiě] Grammatik

注 Verb 让 [ràng] - j-n etwas (tun) lassen

Die Objekten einiger Verben wie 让、请 können ihrerseits Verben folgen, zu denen sie im Verhältnis Subjekt-Prädikat stehen. Sie haben also eine Doppelfunktion: einerseits Objekt (bezüglich des ersten Verbs) und andererseits Subjekt (bezüglich des zweiten Verbs).

例： S + 让 + O/S + Verbphrase
你 让 我 看一看。
妈妈 让 你 多穿点儿衣服。
医生 让 他 在家里休息。

注 Trennbare Verben

Einige Verben sind Teil einer Verb-Objekt-Struktur. Wenn eine adverbiale Ergänzung verwendet wird, dann steht diese zwischen dem Verbteil und Nomenteil.

例： 开药 —— 开了药 —— 开点儿药

别 [bié] als Modalverb

别 als Modalverb bedeutet „bitte nicht ..., (sei) nicht ... "

例： 别着急。(Bitte keine Sorgen machen.)
别来。 (Bitte nicht kommen.)

有点儿 [yǒu diǎnr] - ein bisschen:

有点儿, Abkürzung von 有一点儿 ist ein adverbiale Ergänzung des Grades, bedeutet „ein bisschen" und beinhaltet oft eine gewisse Abneigung.

例： 我有点儿头疼，还有点儿发烧。
他有点儿不高兴。

In Gegensatz zu 有点儿 ist 一点儿 eine Mengenangabe, sowohl für Nomen als auch für Verben, und bedeutet „ein bisschen".

一点儿 + Nomen: bedeutet mengenmäßig ein wenig von diesem.

例： 他买一点儿东西。

练习 [liànxí] Übung

1 拼音练习 [pīnyīn liànxí] – 近音字 [jìnyīnzì] – Übung mit den vier Tönen

舒服	暑假	发烧	多少	介绍	
身体	什么	小猫	毛笔	感冒	
着急	找到	很香	很响	好像	
发炎	眼睛	休息	学习	喜欢	游戏
衣服	复习	手机	着急	几个	记住

2 读一读 [dú yi dú] – Lesen und Verstehen

我头疼、嗓子疼，是不是感冒了？
你要多喝水，在家休息几天。
你嗓子发炎了，还有点发烧。
别着急，等病好了再去上学。

3 看图说话 [kàntú shuōhuà] – Sätze bilden

他怎么了？

他______了。

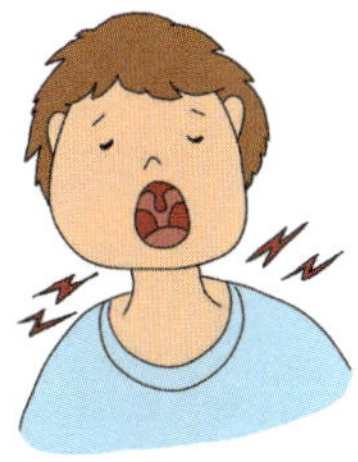

嗓子______了。

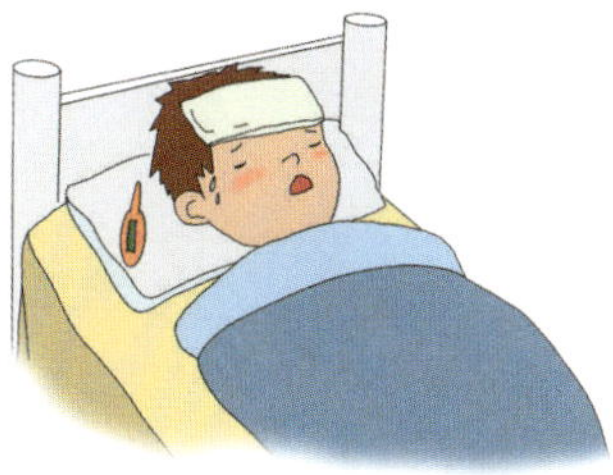

不能______了。

他不想______，他想______。

4 替换练习 [tìhuàn liànxí] – Dialogübung

例：着急→ 别着急 →别着急，病好了再去上学。

1. 说话→______ →上课时______。
2. 看书→______ →考试时______。
3. 进来→______ →不到时间______。

5 用“让”改写句子 [yòng „ràng“ gǎi xiě jùzi] – Formulieren Sie die folgenden Sätze und verwenden Sie dabei 让

例：妈妈说：“杰克，你应该多穿点儿衣服”→ 妈妈让杰克多穿点儿衣服。

1. 医生说：“你应该多休息几天。”

   ______。

2. 爸爸说：“你应该看书。”

   ______。

3. 小龙说：“丽丽，你陪我去医院吧。”

   ______。

6 听力练习 [tīnglì liànxí] – Hörübungen

1. 听录音，回答问题 [tīng lùyīn, huídá wèntí] – Hören und Fragen beantworten

（1）李维怎么了？他哪儿疼？
（2）医生说什么？
（3）李维能看书吗？
（4）他打算病好后做什么？

2. 听录音，选词填空 [xuǎncí tiánkòng] – Hören und die Sätze vervollständigen

（1）这是你的药。一天 ______（一/三）次，一次 ______（一/三）片。
（2）去药店怎么走？
向 ______（前/后）走，第三个路口向 ______（右/左）转。
（3）医生，我怎么了？全身不舒服
你太 ______（累/凉）了，晚上睡得太 ______（晚/早）了。
好好休息两天就好了。
（4）你昨天为什么没来 ______（上/下)课？
我 ______（生/医）病了。

你知道吗？ [Nǐ zhīdào ma] Gewusst?

中医 – Traditionelle Chinesische Medizin

Die traditionelle chinesische Medizin (TCM) basiert auf der Ying-Yang-Lehre sowie der Theorie der Fünf-Elemente-Wandlungsphasen und betrachtet den menschlichen Körper als ein Komplex aus 气 [qì, Lebensenergie] 、形 [xíng, Körper] und神 [shén, Geist] . Durch die 4 Diagnosemethoden (Sehen, Riechen, Befragen und Fühlen) werden die Ursachen, der Charakter, die Lage der Krankheit erkundet, und damit die Einflüsse auf die Organe, Meridiane, Gelenke, Blut und die Lebensenergie festgestellt. Durch Verwendung von Naturkräuten, Akupunktur, Massage, Schröpfen, Qigong und durch richtige Ernährung wird das Gleichgewicht von Ying und Yang im menschlichen Körper wiederhergestellt und somit die Krankheit geheilt.

中医

中国传统医学使用中药、针灸、推拿、按摩、拔罐、气功、食疗等多种治疗手段，使人体达到健康。

Zhōngyī

Zhōngguó chuántǒng yīxué shǐyòng zhōngyào, zhēnjiǔ, tuīná ànmó, báguàn, qìgōng děng duō zhǒng zhìliáo shǒuduàn, shǐ réntǐ dádào jiànkāng.

他工作忙吗？ Ist er beschäftigt? 10

1 对话 [duìhuà] Dialog

林纳：这是你们全家的照片吗？
Lín Nà　Zhè shì nǐmen quánjiā de zhàopiàn ma

李维：是，这是我爸爸，他在银行工作。
Lǐ Wéi　Shì　zhè shì wǒ bàba　tā zài yínháng gōngzuò

林纳：他工作忙吗？
Lín Nà　Tā gōngzuò máng ma

李维：不太忙。我妈妈工作很忙，她是律师，经常加班。
Lǐ Wéi　Bú tài máng　Wǒ māma gōngzuò hěn máng　tā shì lǜshī　jīngcháng jiābān

林纳：这是你哥哥吧？你哥哥做什么工作？
Lín Nà　Zhè shì nǐ gēge ba　Nǐ gēge zuò shénme gōngzuò

李维：他是一家小公司的经理，经常出差。
Lǐ Wéi　Tā shì yì jiā xiǎo gōngsī de jīnglǐ　jīngcháng chūchāi

林纳：你以后想当什么？
Lín Nà　Nǐ yǐhòu xiǎng dāng shénme

李维：我想当老师。
Lǐ Wéi　Wǒ xiǎng dāng lǎoshī

2 对话 [duìhuà] Dialog

男：你做什么工作？
Nán　Nǐ zuò shénme gōngzuò

女：我在医院工作，我是护士。
Nǚ　Wǒ zài yīyuàn gōngzuò　wǒ shì hùshi

男：你工作忙吗？
Nán　Nǐ gōngzuò máng ma

女：很忙，每天总是有很多病人要看护。
Nǚ　Hěn máng　měitiān zǒngshì yǒu hěnduō bìngrén yào kānhù

3 对话 [duìhuà] Dialog

他忙吗？
Tā máng ma

他很忙，已经很晚了，他还在工作。
Tā hěn máng yǐjīng hěn wǎn le tā hái zài gōngzuò

她最近有点忙，要准备考试。
Tā zuìjìn yǒu diǎn máng yào zhǔnbèi kǎoshì

我不忙，退休了，每天散散步，收拾收拾花园……。
Wǒ bù máng tuìxiū le měitiān sànsanbù shōushi shōushi huāyuán

我的儿子很忙，他有很多事情
Wǒ de érzi hěn máng tā yǒu hěnduō shìqing

要做。他总是没有时间来看我。
yào zuò Tā zǒngshì méiyǒu shíjiān lái kàn wǒ

课文 [kèwén] Text

爷爷退休了，但他整天不闲着。早上从七点到九点，他
Yéye tuìxiū le dàn tā zhěngtiān bù xiánzhe Zǎoshang cóng qī diǎn dào jiǔ diǎn tā

到公园，打打太极拳，唱唱京剧。回到家后看看报纸，上网
dào gōngyuán dǎda tàijíquán chàngchang jīngjù huídào jiā hòu kànkan bàozhǐ shàngwǎng

了解了解新闻。吃过午饭后，小睡一会儿。下午三点到五点，
liǎojiě liǎojiě xīnwén Chīguo wǔfàn hòu xiǎo shuì yíhuìr Xiàwǔ sān diǎn dào wǔ diǎn

他去茶馆喝茶、下棋。爷爷以前当过记者，他知道的事情可
tā qù cháguǎn hē chá xiàqí Yéye yǐqián dāngguo jìzhě tā zhīdào de shìqing kě

多了。我最喜欢听他讲古今中外的故事。
duō le Wǒ zuì xǐhuan tīng tā jiǎng gǔjīn-zhōngwài de gùshi

生词 [shēngcí] Vokabeln:

照片	zhàopiàn	(S)	Foto
银行	yínháng	(S)	Bank

律师	lǜshī	(S)	Jurist/Juristin, Anwalt/Anwältin
加班	jiābān	(V)	Überstunden machen
公司	gōngsī	(S)	Firma
出差	chūchāi	(S/V)	Dienstreise, Dienstlich unterwegs sein
当	dāng	(V)	tätig sein als, arbeiten als
退休	tuìxiū	(S/V)	Rente, in Rente gehen
散步	sànbù	(S/V)	spazierengehen, schlendern
收拾	shōushi	(V)	aufräumen
花园	huāyuán	(S)	Garten, Blumengarten
事情	shìqing	(S)	Sache, Angelegenheit
总是	zǒngshì	(Adv)	ständig, immer
医院	yīyuàn	(S)	Krankenhaus
护士	hùshi	(S)	Krankenschwester, Krankenpfleger
看护	kānhù	(S)	jemanden pflegen, sich um … kümmern
整天	zhěngtiān	(Adv)	ganztägig, den ganzen Tag lang
闲	xián	(adj)	unttätig, unbeschäftigt
太极拳	tàijíquán	(S)	Taiji
报纸	bàozhǐ	(S)	Zeitung
了解	liǎojiě	(V)	Bescheid wissen, sich informieren
新闻	xīnwén	(S)	Neuigkeit, Nachricht
午饭	wǔfàn	(S)	Mittagessen
茶馆	cháguǎn	(S)	Teehaus
下棋	xiàqí	(V)	Schach spielen
记者	jìzhě	(S)	Journalist/Journalistin
古今中外	gǔjīn-zhōngwài		zu allen Zeiten undn in allen Ländern

语法注解 [yǔfǎ zhùjiě] Grammatik

注 他有很多事情要做。 - haben …… zu tun

Beginnt ein Satz mit 有/没有, dann steht am Ende des Satzes häufig ein Infinitiv.

例： 我的儿子很忙，他有很多事情要做。他总是没有时间来看我。

我每天总是有很多病人要看护。

注 可……了 [kě …… le] - sehr, wirklich

Mit dieser Struktur wird der Satzteil, der dazwischen steht, betont.

例： 可多了　　可好了　　可喜欢她了

从……到…… [cóng……dào……] **- von……bis …… :**

Mit dieser Struktur wird ein Abschnitt der Zeit oder des Ortes gekennzeichnet, das heißt von Zeit 1 bis Zeit 2 oder von Ort 1 bis Ort 2.

例： 从七点到九点
从北京到上海

练习 [liànxí] Übung

1 拼音练习 [pīnyīn liànxí] – 近音字 [jìnyīnzì] – Übung mit den vier Tönen

旅游 律师　着急 找到 照片
属虎 护士　音乐 银行 饮料
整天 正在　老师 收拾 事情
了解 饮料　先生 闲人 现在
关系 茶馆　大街 见解 介绍
听着 记者 这是　鸡蛋 极好 几人 记号
知道 职员　报纸 杂志　星期 下棋 起来 汽车
银行 行人　出差 很差　看护 看书

2 读一读 [dú yi dú] – Lesen und Verstehen

我头疼、嗓子疼，是不是感冒了？
你要多喝水，在家休息几天。
你嗓子发炎了，还有点发烧。
别着急，等病好了再去上学。

3 看图说话 [kàntú shuōhuà] – Sätze bilden

07：00 - 09：00
打太极拳

例：他从七点到九点打太极拳。

10：00 - 11：00
读报纸

______________________________。

13：00 - 14：00
午睡

______________________________。

15：00 - 17：00
下棋

______________________________。

19：00 - 20：00
看电视

______________________________。

4 替换练习 [tìhuàn liànxí] – Dialogübung

A: 你做什么工作？
B: 我在医院工作，我是护士。
A: 你工作忙吗？
B: 很忙，我有很多病人要看护。

银行
公司
学校

职员
经理
老师

经常加班
经常出差
批改 [pīgǎi: korrigieren]）
很多作业

5 听力练习 [tīnglì liànxí] – Hörübungen

1. 听录音，填空 [tiánkòng] – Hören und Fragen beantworten

	相当什么（想做什么）？	为什么？
李维		
林纳		
马克		
李维的妈妈		

2. 听录音，填空 [tiánkòng] – Hören und Fragen beantworten

	活动
08: 00 – 10: 00	
10: 10 – 10: 55	
11: 00 – 12: 00	
13: 30 – 14: 30	
15: 00 – 17: 30	
18: 00 – 19: 00	
20: 00 –	

你知道吗？ [Nǐ zhīdào ma] Gewusst?

中国老人的生活 – Das Leben im Alter

Alte Menschen in China, so wie in der ganzen Welt, freuen sich auf einen friedlichen Lebensabend.

Die meisten Senioren leben mit ihren Kindern zusammen. So können sie die jüngere Generation beim Haushalt entlasten, indem sie auf die Enkelkinder aufpassen, die Einkäufe erledigen oder kochen. Diese Aufgaben können für Senioren zwar mühsam sein, aber dadurch fühlen sie sich gebraucht und genießen das Familienleben. In solchen Familien stehen die Enkelkinder den Großeltern oft näher als ihren eigenen Eltern.

Die Senioren haben oft auch ihren eigenen sozialen Kreis. Es gibt Seniorenuniversitäten sowie Seniorengruppen, die verschiedenen Hobbies nachgehen, wie z.B. Reisen, Singen, Tanzen, Taiji, Brettspielen ....

Wenn man nach China reist, kann man in öffentlichen Parks häufig folgendes beobachten: Senioren, die jeden Tag um die gleiche Zeit am gleichen Ort zusammen singen, tanzen, Sport machen .... Viele Senioren gehen auch gemeinsam auf Reisen, bergsteigen oder schwimmen.

中国的老人喜欢很多人在一起活动。在公园里，他们唱京剧、跳舞、打太极拳、下棋、打牌、打麻将、遛鸟，生活丰富多彩。

Zhōngguó de lǎorén xǐhuan hěn duō rén zài yìqǐ huódòng. Zài gōngyuán li, tāmen chàng jīngjù, tiàowǔ, dǎ tàijíquán, xià qí, dǎ pái, dǎ májiàng, liù niǎo, shēnghuó fēngfù duōcǎi.

小结 Xiǎojié – Zusammenfassung

2

电脑网络 [Diàn nǎo wǎng luò] Computer und Internet

你经常在电脑上玩游戏吗?
你的电脑染上病毒了。
你应该装一个杀毒软件。
网上商店一般会便宜不少。
上网查查吧，看网上怎么说。
我的电脑坏了，没法收发邮件。
有事给我发短信吧。

兴趣爱好 [Xìng qù ài hào] Hobby

他们班的同学都很喜欢运动。
我觉得古典音乐更有意思。
我昨天去听了一场歌剧。
学校举行了一场精彩的排球比赛。
我们班赢了。

看病 [Kàn bìng] Arztbesuch

医生，我头疼，嗓子疼，全身不舒服。
你发烧了。我给你开点儿药。
你要多喝水，在家休息两天。

职业 [Zhí yè] Beruf

妈妈是律师，她工作很忙。
他是经理，经常出差。
我是护士，在医院工作。

句型总结 [jùxíng zǒngjié] - Satzmuster im Überblick	
句型 [jùxíng] Satzmuster	例句 [lìjù] Beispiel
查查	上网查查吧，看看网上怎么说。
不是…… 吗?	你不是经常在电脑上玩游戏吗?
对……（不）感兴趣	我对运动不感兴趣。
我对……（没）有兴趣	她对足球没有兴趣。
更	她更喜欢跳舞。
又……又……	马丁长得又高又大。
比	维也纳的夏天比北京凉爽。
让	医生让他在家休息。
……的时候	天气好的时候，我骑自行车去学校。
从……到	从七点到九点，他到公园打太极。

11 熊猫宝宝长大了吗？
Ist das Pandababy gewachsen?

1 对话 [duìhuà] Dialog

马兰：昨天我带妹妹去动物园了。
Mǎ Lán Zuótiān wǒ dài mèimei qù dòngwùyuán le

大卫：看见什么动物了？
Dàwèi Kànjiàn shénme dòngwù le

马兰：我们先看了猴子和大象，然后去看了熊猫。
Mǎ Lán Wǒmen xiān kàn le hóuzi he dàxiàng ránhòu qù kàn le xióngmāo

大卫：噢，熊猫宝宝长大了吧？它好吗？
Dàwèi Ō xióngmāo bǎobao zhǎngdà le ba tā hǎo ma

马兰：我们去的时候，它正在石头上慢吞吞地爬上爬下，可爱极了。
Mǎ Lán Wǒmen qù de shíhou tā zhèngzài shítou shang màntūntūn de pá shàng pá xià kě'ài jíle

大卫：它最爱吃竹叶，是吗？
Dàwèi Tā zuì ài chī zhúyè shì ma

马兰：是，它一边晒着太阳，一边吃着新鲜竹叶。听说，熊猫一天要吃几十公斤竹叶呢！
Mǎ Lán Shì tā yìbiān shàizhe tàiyáng yìbiān chīzhe xīnxiān zhúyè Tīngshuō xióngmāo yì tiān yào chī jǐshí gōngjīn zhúyè ne

大卫：这里的气候和熊猫家乡的一样吗？
Dàwèi Zhèli de qìhòu hé xióngmāo jiāxiāng de yíyàng ma

马兰：维也纳的冬天比四川冷，夏天凉爽得多。
Mǎ Lán Wéiyěnà de dōngtiān bǐ Sìchuān lěng xiàtiān liángshuǎng de duō

大卫：我看，它们已经习惯这里的天气了。
Dàwèi Wǒ kàn tāmen yǐjīng xíguàn zhèli de tiānqì le

2 对话 [duìhuà] Dialog

昨天我们都去动物园了。
Zuótiān wǒmen dōu qù dòngwùyuán le

大卫：我去的时候老虎 正 睡觉呢。
Dàwèi Wǒ qù de shíhou lǎohǔ zhèng shuìjiào ne

马兰：我去的时候小羊 正 吃草呢。
Mǎ Lán Wǒ qù de shíhou xiǎoyáng zhèng chī cǎo ne

小龙：我去的时候猴子正爬树呢。
Xiǎolóng Wǒ qù de shíhou hóuzi zhèng pá shù ne

丽丽：我去的时候 熊猫 正 晒 太阳呢。
Lìlì Wǒ qù de shíhou xióngmāo zhèng shài tàiyáng ne

她一边喝咖啡，一边看报纸。
Tā yìbiān hē kāfēi yìbiān kàn bàozhǐ

他一边走路一边听音乐。
Tā yìbiān zǒulù yìbiān tīng yīnyuè

熊猫和 小羊 的生活习惯不一样，
Xióngmāo hé xiǎoyáng de shēnghuó xíguàn bù yíyàng

熊猫 吃 竹叶，小羊吃草。
Xióngmāo chī zhúyè xiǎoyáng chī cǎo

他和我一样，都喜欢打篮球。
Tā hé wǒ yíyàng dōu xǐhuan dǎ lánqiú

11 熊猫宝宝长大了吗? Ist das Pandababy gewachsen?

课文 [kèwén] Text

小白兔，白又白，
Xiǎo báitù bái yòu bái
两只耳朵竖起来。
liǎng zhī ěrduo shù qǐlái
爱吃萝卜爱吃菜，
Ài chī luóbo ài chī cài
人人见了都喜爱。
rénren jiàn le dōu xǐ'ài

小白兔先吃了萝卜，
Xiǎo báitù xiān chī le luóbo
然后吃了白菜，
ránhòu chī le báicài
一听到声音就竖起耳朵，
yì tīngdào shēngyin jiù shùqǐ ěrduo
真可爱。
zhēn kě'ài

生词 [shēngcí] Vokabeln:

熊猫	xióngmāo	*(S)*	Pandabär
宝宝	bǎobao	*(S)*	Baby, Schätzchen, Liebling
动物园	dòngwùyuán	*(S)*	Zoo, Tiergarten
看见	kànjiàn	*(V)*	etwas sichten, sehen
动物	dòngwù	*(S)*	Tier
先	xiān	*(K/Adv)*	erst, zuvor
猴	hóu	*(S)*	Affe
大象	dàxiàng	*(S)*	Elefant
然后	ránhòu	*(K)*	danach, dann, darauf
噢	ō	*(interj)*	ach
石头	shítou	*(S)*	Stein
慢吞吞	màntūntūn	*(Adj)*	in Schneckentempo
竹叶	zhúyè	*(S)*	Bambusblatt
一边	yìbiān	*(K)*	gleichzeitig
晒	shài	*(V)*	sich sonnen
太阳	tàiyáng	*(S)*	Sonne
新鲜	xīnxian	*(Adj)*	frisch
气候	qìhòu	*(S)*	Klima, Wetter
家乡	jiāxiāng	*(S)*	Heimat, Zuhause
一样	yíyàng	*(Adj)*	gleich, ebenso
习惯	xíguàn	*(V/S)*	gewöhnen, Gewohnheit
老虎	lǎohǔ	*(S)*	Tiger
羊	yáng	*(S)*	Schaf, Ziege
走路	zǒulù	*(V)*	zu Fuß gehen
白兔	báitù	*(S)*	weiße Kannichen
竖	shù	*(V)*	(aufrecht) stellen

萝卜	luóbo	(S)	Rübe
菜	cài	(S)	Gemüse
喜爱	xǐ'ài	(V)	gern haben

语法注解 [yǔfǎ zhùjiě] Grammatik

Der Temperalsatz

先……，然后…… [xiān……ránhòu……]

Mit dieser Konstruktion wird eine Reihenfolge ausgedrückt „zuerst ..., dann ...“.

例： 我们先看了猴子和大象，然后去看了熊猫。
他先做作业，然后看电视。

……极了 [……jíle]

Diese Struktur „Adjektiv + 极了“ ist eine adverbiale Ergänzung des Adjektives, und bedeutet „extrem, außerordentlich“.

例： 熊猫可爱极了。

……的时候……正（在）…… [……de shíhou……zhèng(zài)……]

Mit dieser Konstruktion wird Gleichzeitigkeit ausgedrückt „während/als/wenn… “.

例： 我去的时候老虎正睡觉呢。
我去的时候小羊正吃草呢。

一边……一边…… [yìbiān……yìbiān……]

Mit dieser Konstruktion wird ausgedrückt, dass zwei Tätigkeiten parallel durchgeführt werden.

例： 他一边走路一边听音乐。
她一边喝咖啡，一边看报纸。

Vergleich mit ……和……一样 [……he……yíyàng]

Gleichheit und Ungleichheit von Personen und Gegenständen kann mit ……和……一样 ausgedrückt werden. Das identische Substantiv kann beim zweiten Mal weggelassen werden.

例： 北京和维也纳一样，都是大城市。
他和我一样，都喜欢打篮球。
我的书包和他的一样大。

Verneinungsform ……和……不一样

例： 他和我不一样，他喜欢打篮球，我喜欢打排球。

练习 [liànxí] Übung

1 拼音练习 [pīnyīn liànxí] – 近音字 [jìnyīnzì] – Übung mit den vier Tönen

猴子 以后　　钱包 宝宝 报纸　　家乡 响亮 大象
彩色 白菜　　太阳 山羊 一样　　老师 石头 合适
新鲜 闲着 现在　　爷爷 也是 树叶
关系 饭馆 习惯　　舒服 属性 竖起
圆珠 竹叶 主意 祝贺

2 读一读 [dú yi dú] – Lesen und Verstehen

猴子	大象	熊猫	老虎	兔子
眼睛	鼻子	耳朵	嘴巴	头发
睡觉	吃草	爬树	喝茶	下棋

3 看图说话 [kàntú shuōhuà] – Sätze bilden

例：马克在修车

我去的时候马克正在修车。

我去的时候林纳＿＿＿＿＿＿＿＿。

我去的时候安娜＿＿＿＿＿＿＿＿。

我去的时候小明＿＿＿＿＿＿＿＿。

我去的时候石大海＿＿＿＿＿＿＿＿。

4 找出不同类的词 [zhǎochū bùtónglèi de cí] – Welches Wort gehört nicht dazu?

熊猫	大象	猴子	竹子	兔子	(　　　　)
头疼	发炎	发烧	休息	感冒	(　　　　)
医生	护士	工作	记者	经理	(　　　　)
颜色	黑色	绿色	蓝色	黄色	(　　　　)

5 替换练习 [tìhuàn liànxí] – Dialogübung

他一边喝咖啡，一边看报纸。

开车
听音乐
喝茶
下棋

听新闻
修电脑
看比赛
打电话

6 读一读，背一背 [dú yi dú, bèi yi bèi] – Lesen, verstehen und auswendig lernen

绕口令《虎鹿猪兔鼠》

山上一只虎，林中一只鹿，
路边一只猪，草里一只兔，
还有一只鼠，数一数，
一二三四五，虎鹿猪兔鼠。

Rào kǒu lìng —— «hǔ lù zhū tù shǔ»
Shānshang yì zhī hǔ, línzhong yì zhī lù,
lùbiān yì zhī zhū, cǎoli yì zhī tù,
hái yǒu yì zhī shǔ, shǔ yi shǔ,
yī èr sān sì wǔ, hǔ lù zhū tù shǔ.

Zungenbrecher ——Tiger, Hirsch, Schwein, Hase, Maus
Auf dem Berg ein Tiger, im Wald ein Hirsch,
am Straßenrand ein Schwein, im Rasen eine Hase,
noch eine Maus, zähl mal,
eins zwei drei vier fünf, Tiger, Hirsch, Schwein, Hase, Maus.

7 听力练习 [tīnglì liànxí] – Hörübungen

1. 听录音，选择正确的图 [xuǎnzé zhèngquè de tú] – Welches Bild passt dazu?

早上　　　　中午　　　　下午

2. 听录音，回答问题 [tīng lùyīn, huídá wèntí] – Hören und Fragenbeantworten

（1）他家有什么动物？有几只？
（2）它们长什么样子？
（3）一听到声音，它们做什么？

你知道吗？ [Nǐ zhīdào ma] Gewusst?

中国国宝——大熊猫 Der „Chinesische Nationalschatz“ – Pandabär

Der Pandabär lebt bereits seit mindestens 8 Millionen Jahren auf unserer Erde, und ist ein „lebendes Fossil“. Derzeit leben weltweit mehr als 1800 Pandabären in freier Wildbahn. Bis Ende 2022 lebten 633 Pandabären in den chinesischen Schutzgebieten. Pandabären sind in erster Linie Bodenbewohner, die allerdings gut klettern und schwimmen können. Ursprünglich waren Pandabären Fleischfresser, die mit der Zeit zu Bambusfressern wurden, wobei jedoch Zähne und Verdauungstrakt gleichblieben, weswegen der Pandabär immer noch als Fleischfresser eingestuft wird. In der Wildnis erreichen Pandabären ein Alter von 18 bis 20 Jahren und in den Schutzgebieten ein Alter von über 30 Jahren. Ihr natürlicher Lebensraum befindet sich in gebirgigen Gegenden der chinesischen Provinzen Sichuan, Shanxi und Gansu.

大熊猫已在地球上生存了至少800万年，被叫做“活化石”和“中国国宝”。全世界野生大熊猫约1800多只。它们主要生活在中国四川、陕西和甘肃的山区。

Dàxióngmāo yǐ zài dìqiú shang shēngcún le zhìshǎo 800 wàn nián, bèi jiàozuò „huó huàshí“ hé „Zhōngguó guóbǎo“. Quán shìjiè yěshēng dàxióngmāo yuē 1800 duō zhī. Tāmen zhǔyào shēnghuó zài Zhōngguó Sìchuān, Shǎnxī hé Gānsù de shānqū.

可以换一条吗？
Kann das ausgetauscht werden?

12

1 对话 [duìhuà] Dialog

石大海：我昨天在这儿买了一条裤子，太长了。
Shí Dàhǎi Wǒ zuótiān zài zhèr mǎi le yì tiáo kùzi tài cháng le

可以换一条吗？
Kěyǐ huàn yì tiáo ma

售货员：您有发票吗？
Shòuhuò yuán Nín yǒu fāpiào ma

石大海：有，在这儿。
Shí Dàhǎi Yǒu zài zhèr

售货员：请您到服务中心去换。
Shòuhuò yuán Qǐng nín dào fúwù zhōngxīn qù huàn

石大海：服务中心在哪儿？
Shí Dàhǎi Fúwù zhōngxīn zài nǎr

售货员：二楼西头收银台旁边。
Shòuhuò yuán Èr lóu xītóu shōuyín tái pángbiān

石大海：谢谢！
Shí Dàhǎi Xièxie

2 对话 [duìhuà] Dialog

王芳：我穿这件衬衣怎么样？
Wáng Fāng Wǒ chuān zhè jiàn chènyī zěnmeyàng

售货员：不错，这个颜色对你很合适。
Shòuhuò yuán Búcuò zhè ge yánsè duì nǐ hěn héshì

王芳：是不是有点儿大？
Wáng Fāng Shìbushì yǒu diǎnr dà

售货员：38码是有点儿大。你试试36码的吧。
Shòuhuò yuán Sānshíbā mǎ shì yǒu diǎnr dà Nǐ shìshi sānshíliù mǎ de ba

王芳：这件比较合适。这儿能不能刷信用卡？
Wáng Fāng Zhè jiàn bǐjiǎo héshì Zhèr néngbunéng shuā xìnyòng kǎ

售货员：可以。收银台在东边。
Shòuhuò yuán Kěyǐ Shōuyín tái zài dōngbiān

家长：请问，哪位是林老师？
Jiāzhǎng Qǐngwén nǎ wèi shì Lín lǎoshī

老师：那位穿着蓝裙子、戴着眼镜的就是。
Lǎoshī Nà wèi chuānzhe lán qúnzi dàizhe yǎnjìng de jiù shì

前排中间坐着的是我。
Qiánpái zhōngjiān zuòzhe de shì wǒ

右边戴着丝巾的是我姐姐。
Yòubiān dàizhe sījīn de shì wǒ jiějie

后面站着的是我哥哥。
Hòumiàn zhànzhe de shì wǒ gēge

你的鞋是在哪儿买的？
Nǐ de xié shì zài nǎr mǎi de

很漂亮。
Hěn piàoliang

不知道，是我姐姐
Bù zhīdào shì wǒ jiějie

送给我的。
sònggěi wǒ de

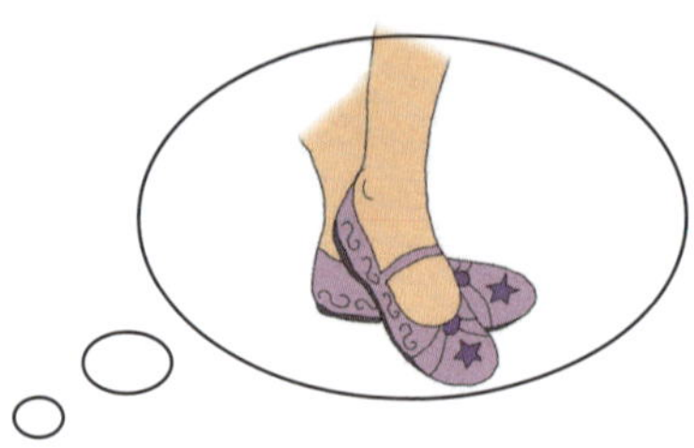

课文 [kèwén] Text

我的爱好是集邮，我的集邮册里收集着世界各地的
Wǒ de àihào shì jíyóu wǒ de jíyóu cè li shōují zhe shìjiè gèdì de

邮票。这套著名音乐家的邮票是妈妈送给我的。这套
yóupiào Zhè tào zhùmíng yīnyuè jiā de yóupiào shì māma sònggěi wǒ de Zhè tào

动物邮票是在非洲旅游时买的。还有这套京剧脸谱票，
dòngwù yóupiào shì zài Fēizhōu lǚyóu shí mǎi de Háiyǒu zhè tào jīngjù liǎnpǔ piào

是我用一套十二生肖票换来的。通过集邮可以了解
shì wǒ yòng yí tào shí'èr shēngxiào piào huànlái de Tōngguò jíyóu kěyǐ liǎojiě

各国不同的文化。
gèguó bùtóng de wénhuà

生词 [shēngcí] Vokabeln:

售货员	shòuhuò yuán	(S)	Verkäufer/Verkäuferin
发票	fāpiào	(S)	Rechnung
服务	fúwù	(S)	Service
中心	zhōngxīn	(S)	Zentrum
二楼	èr lóu	(S)	2. Stock
西头	xītóu	(S)	Westen
收银台	shōuyín tái	(S)	Kassa
衬衣	chènyī	(S)	Hemd
适合	shìhé	(Adj)	passend
码	mǎ	(S)	Größe, Nummer
比较	bǐjiào	(Adv)	vergleichsweise
刷	shuā	(V)	streichen, schrubben
信用卡	xìnyòng kǎ	(V)	Kreditkarte
东边	dōngbian	(S)	Osten
林	Lín	(S)	Familienname Lin
裙子	qúnzi	(S)	Rock, Kleid
戴	dài	(V)	aufsetzen, tragen
眼镜	yǎnjìng	(S)	Brille
前排	qiánpái	(S)	erste Reihe
中间	zhōngjiān	(S)	Mitte
站	zhàn	(V)	stehen
鞋	xié	(S)	Schuhe

集邮	jíyóu	(S)	Briefmarkensammlung
集邮册	jíyóu cè	(S)	Briefmarkenalbum
收集	shōují	(V)	sammeln
各地	gèdì	(S)	verschiedene Orte
邮票	yóupiào	(S)	Briefmarke
套	tào	(ZEW)	Set
著名	zhùmíng	(Adj)	berühmt
非洲	Fēizhōu	(S)	Afrika
通过	tōngguò	(Präp)	durch
各国	gèguó	(S)	verschiedene Länder
不同	bùtóng	(Adj)	verschieden, im Unterschied zu
文化	wénhuà	(S)	Kultur

语法注解 [yǔfǎ zhùjiě] Grammatik

是……的 [shì……de]

Ist eine Handlung vollendet und soll ein Satzteil, wie z.B. die Art und Weise, die Zeit, der Ort, der Akteur, das Ziel oder der Grund, besonders hervorgehoben werden, dann wird die Konstruktion 是……的 verwendet. Dabei wird das Verb 是 vor der zu betonenden Angabe gestellt, und die Partikel 的 steht am Satzende.

例： 这套邮票是妈妈送给我的。
这套动物邮票是在非洲旅游时买的。
她是昨天来的。

到……（去/来） [dào……(qù/lái)]

Nach 到 wird der Zielort, wo die Tätigkeit durchgeführt werden soll, angegeben und durch 来/去, das die Bewegungsrichtung bezüglich des Satzsubjektes anzeigt, ergänzt.

例： 请您到服务中心去换。
他到北京去学汉语。

练习 [liànxí] Übung

1 拼音练习 [pīnyīn liànxí] – 近音字 [jìnyīnzì] – Übung mit den vier Tönen

上午	服务	收拾	洗手	售出
咖啡	刷卡	生活	大火	售货

通过　同学
交给　比较　睡觉
东边　听懂　运动
经常　风景　眼镜
开花　滑雪　文化

妈妈　麻辣　号码
一些　鞋子　写字　谢谢
手机　集邮　几个　记住
圆珠　竹子　主意　著名

2 读一读 [dú yi dú] – Lesen und Verstehen

太长了
太辣了
太贵了
太累了

可以试一试吗？
可以穿牛仔裤吗？
可以用一下吗？
不可以迟到。

3 看图说话 [kàntú shuōhuà] – Sätze bilden

例：哪位是林老师？
那位穿蓝裙子、戴眼镜的就是。

哪位是李经理？

________________。

哪位是王医生？

________________。

哪位是张老师？

________________。

哪位是杰克？

________________。

4 根据课文内容填空 [gēnjù kèwén nèiróng tiánkòng] – Sätze anhand Informationen aus dem Text vollständigen

我的爱好是____________。我的集邮册里________________的邮票。这套音乐家的邮票是________________的。这套京剧脸谱票是____________________________的。通过集邮可以____________________________。

5 根据图片回答问题 [gēnjù túpiàn huídá wèntí] – Fragen beantworten

1. 这张照片中哪一个是你哥哥?

____________________________。

2. 这套动物邮票是从哪儿来的?

____________________________。

3. 你去动物园的时候,熊猫在干什么?

____________________________。

4. 这个文具盒你在哪儿买的?

____________________________。

6 听力练习 [tīnglì liànxí] – Hörübungen

1. 听录音,选择正确的人 [xuǎnzé zhèngquè de rén] – Wer ist wer?

林老师
李维
安娜
马丁
马克

2. 听录音，回答问题 [tīng lùyīn, huídá wèntí] – Hören und Fragen beantworten

（1）他的爱好是什么？
（2）他收集的电话卡是哪个国家的？
（3）这些电话卡都是他用过的吗？
（4）他收集了多少张电话卡？

你知道吗？ [Nǐ zhīdào ma] Gewusst?

旗袍 [Qipao] ein traditionelles chinesisches Kleid

Die Qipao ist ein traditionelles chinesisches Kleidungsstück für Frauen, das von der Volksgruppe der Mandschuren stammt und Anfang des 20. Jahrhunderts zum nationalen Kleidungsstück Chinas wurde.

Eine Qipao hat mehrere Merkmale:
hoch geschlossener Kragen
knöchellang
Knöpfe oder Schlaufenverschlüsse an der Schulter
Schlitze an den Seiten.

旗袍是一种中国女性的传统服装，在20世纪曾广泛流行于中国。

Qípáo shì yì zhǒng Zhōngguó nǚxìng de chuántǒng fúzhuāng, zài 20 shìjì céng guǎngfàn liúxíng yú Zhōngguó.

13 你经常看电视吗？
Siehst du oft fern?

对话 [duìhuà] Dialog

李维：你经常看电视吗？
Lǐ Wéi　Nǐ jīngcháng kàn diànshì ma

马丁：我很少看电视。我一般都是上网了解新闻的。你呢？
Mǎdīng　Wǒ hěnshǎo kàn diànshì　Wǒ yìbān dōushì shàngwǎng liǎojiě xīnwén de　Nǐ ne

李维：我习惯每天看报纸，有时也看看电视，听听收音机。
Lǐ Wéi　Wǒ xíguàn měitiān kàn bàozhǐ　yǒushí yě kànkan diànshì　tīngting shōuyīnjī

马丁：你喜欢看什么节目？
Mǎdīng　Nǐ xǐhuan kàn shénme jiémù

李维：我经常看访谈节目，有时也看电视剧，放松一下。
Lǐ Wéi　Wǒ jīngcháng kàn fǎngtán jiémù　yǒushí yě kàn diànshìjù　fàngsōng yíxià

高树：收音机的音乐频道很不错。
Gāo Shù　Shōuyīnjī de yīnyuè píndào hěn búcuò

杰克：我也很喜欢。它播放的音乐都非常精彩。
Jiékè　Wǒ yě hěn xǐhuan　Tā bōfàng de yīnyuè dōu fēicháng jīngcǎi

2 对话 [duìhuà] Dialog

安娜：昨晚的电视节目你看了吗？
Ānnà　Zuówǎn de diànshì jiémù nǐ kàn le ma

王芳：你是说关于中国的风光片吧？
Wáng Fāng　Nǐ shì shuō guānyú Zhōngguó de fēngguāng piàn ba

安娜：对，我觉得很有意思。
Ānnà　Duì　wǒ juéde hěn yǒu yìsi

王芳：是，中国很大，有很多特色风光。
Wáng Fāng　Shì　Zhōngguó hěn dà　yǒu hěnduō tèsè fēngguāng

课文 [kèwén] Text

收件人：安娜

主题：你好！

安娜，你好，
Ānnà　nǐ hǎo

很羡慕你经常有时间看电视。我们这边学习很紧张，
Hěn xiànmù nǐ jīngcháng yǒu shíjiān kàn diànshì　Wǒmen zhèbiān xuéxí hěn jǐnzhāng

一般作业很多。但是如果有时间，我会看中央电视台的
yìbān zuòyè hěn duō　Dànshì rúguǒ yǒu shíjiān　wǒ huì kàn Zhōngyāng Diànshìtái de

教育频道。这个频道经常有地理风光、动物世界、健康养
jiàoyù píndào　Zhè ge píndào jīngcháng yǒu dìlǐ fēngguāng　dòngwù shìjiè　jiànkāng yǎng

生的节目。对了，上个星期有一个介绍奥地利的风光片。
shēng de jiémù　Duì le　shàng ge xīngqī yǒu yí ge jièshào Àodìlì de fēngguāng piàn

我看到了多瑙河，景色真美。
Wǒ kàndào le Duōnǎo Hé　jǐngsè zhēn měi

问好！
Wènhǎo

你的朋友　美玲
Nǐ de péngyou　Měilíng

13 你经常看电视吗？ Siehst du oft fern?

生词 [shēngcí] Vokabeln:

收音机	shōuyīnjī	*(S)*	Radio
节目	jiémù	*(S)*	Programm
访谈	fǎngtán	*(S)*	Interviews
电视剧	diànshìjù	*(S)*	Fernsehserien
放松	fàngsōng	*(V)*	entspannen, locker werden
昨晚	zuówǎn	*(S)*	gestern Abend
关于	guānyú	*(Präp)*	über
特色	tèsè	*(S)*	Eigenheit, Besonderheit
频道	píndào	*(V)*	(Frequenz-/Sender-)Kanal
播放	bōfàng	*(V)*	senden
羡慕	xiànmù	*(V)*	beneiden, bewundern
紧张	jǐnzhāng	*(Adj)*	stressig, angespannt
作业	zuòyè	*(S)*	Aufgabe
中央	zhōngyāng	*(Adj/S)*	zentral, Zentrum
电视台	diànshìtái	*(S)*	Fernsehsender
教育	jiàoyù	*(S)*	Erziehung
地理	dìlǐ	*(S)*	Geographie
健康	jiànkāng	*(Adj/S)*	gesund, Gesundheit
养生	yǎngshēng	*(S)*	Gesundheitspflege
景色	jǐngsè	*(S)*	Landschaft

语法注解 [yǔfǎ zhùjiě] Grammatik

关于 [guānyú]

Die Präposition 关于 bedeutet „über oder betreffend“

例：你是说关于中国的风光片吧？
　　这是一本关于中国的书。

练习 [liànxí] Übung

1 拼音练习 [pīnyīn liànxí] – 近音字 [jìnyīnzì] – Übung mit den vier Tönen

房间　健康　　　关于　下雨　预报
放松　送给　　　先生　很闲　羡慕
频道　用品　　　大街　节目　了解　世界

今天 紧张 最近	方向 房间 访谈 放下
爷爷 也是 作业	中央 太阳 养身 样子

2 读一读 [dú yi dú] – Lesen und Verstehen

特色美食	风光片很有意思	读报纸
地理风光	访谈节目很有意思	看电视
动物世界	音乐非常精彩	听新闻
健康养生	大熊猫非常可爱	上网

3 读短文，回答问题 [duìhuà] – Lesen und Fragen beantworten

美玲学习很紧张，一般作业很多，周末她会看一会儿电视。她喜欢看教育频道。她最喜欢的节目是动物世界。

1. 美玲一般有时间看电视吗？
2. 她什么时候看电视？
3. 她喜欢看什么节目？

4 小采访 [xiǎo cǎifǎng] – kleines Interview, ein paar Fragen zum Inhalt)

昨天晚上8点的节目好看吗？

是关于什么内容的？

你喜欢什么电视节目？

5 听力练习 [tīnglì liànxí] – Hörübungen

1. 听录音，填表格 [tiān biǎogé] – Hören und Tabelle ausfüllen

	经常看电视吗？	喜欢什么节目？
马丁		
大卫		
安娜		

2.听录音，回答问题 [tīng lùyīn, huídá wèntí] – Hören und Fragen beantworten

(1)昨天他们看的是什么节目?
(2)这一集是关于什么动物的?
(3)他们觉得好看吗?

你知道吗? [Nǐ zhīdào ma] Gewusst?

中国中央电视台 [Zhōngguó Zhōngyāng Diànshìtái] Chinesisches Zentral-Fernsehen

Chinesisches Zentral-Fernsehen, oft abgekürzt als CCTV, ist eines der offiziellen TV-Medien der Volksrepublik China, und gleichzeitig der nationale Fernsehsender. Es wurde mit 02.09.1958 unter dem Namen Peking-Fernsehen (北京电视台) zum ersten Mal offiziell ausgestrahlt. Am 01.05.1978 wurde der Name auf CCTV geändert. CCTV bietet derzeit (Stand 2014) 16 verschiedene chinesische Programme und 5 Fremdsprachenkanäle an.
Jede Provinz hat auch ihre eigenen Fernsehsender und -programme.
Die meisten der Programme werden mit einer fortlaufenden Nummer benannt, ohne weitere Beschreibung (etwa: CCTV-1, CCTV-2, u.s.w.).

CCTV-1: Allgemein
CCTV-2: Wirtschaft
CCTV-3: Kultur
CCTV-4: International (auf Mandarin)
CCTV-5: Sport
CCTV-6: Kinofilme
CCTV-7: Militär/Landwirtschaft
CCTV-8: Fernsehdrama
CCTV-9: Dokumentarfilme
CCTV-10: Wissenschaft und Technologie
CCTV-11: Opern
CCTV-12: Gesellschaft und Recht
CCTV-13: Nachrichten
CCTV-14: Kinder
CCTV-15: Musik
CCTV-News: Internationale Nachrichten (auf Englisch)
CCTV-Français: International (auf Französisch)
CCTV-Español: International (auf Spanisch)
CCTV-عربي: International (auf Arabisch)
CCTV-Русский: International (auf Russisch)

中国中央电视台，简称央视（CCTV），是中华人民共和国的官方电视媒体之一。央视拥有20多个电视频道。各个省市也都有自己的电视台。

Zhōngguó Zhōngyāng diànshìtái, jiǎnchēng Yāngshì (CCTV), shì Zhōnghuá Rénmín Gònghéguó de guānfāng diànshì méitǐ zhī yī. Yāngshì yōngyǒu 20 duō ge diànshì píndào. Gège shěngshì yě dōu yǒu zìjǐ de diànshìtái.

14 我准备去北京学习
Ich werde in Beijing zur Schule gehen

1 对话 [duìhuà] Dialog

安娜：从下学期开始，我准备去北京学习一年。
Ānnà Cóng xià xuéqī kāishǐ, wǒ zhǔnbèi qù Běijīng xuéxí yì nián

马丁：是吗！去哪个学校？
Mǎdīng Shì ma Qù nǎ ge xuéxiào

安娜：美玲的学校——香山中学。
Ānnà Měilíng de xuéxiào Xiāngshān Zhōngxué

马丁：是住在美玲家吗？
Mǎdīng Shì zhùzài Měilíng jiā ma

安娜：对，我将住在美玲家，和她一起上学。
Ānnà Duì wǒ jiāng zhùzài Měilíng jiā hé tā yìqǐ shàngxué

马丁：你打算什么时候去？
Mǎdīng Nǐ dǎsuàn shénme shíhou qù

安娜：七月份就去，机票已经订好了。
Ānnà Qī yuèfen jiù qù jīpiào yǐjīng dìng hǎo le

马丁：北京的夏天特别热，你要有准备噢！
Mǎdīng Běijīng de xiàtiān tèbié rè nǐ yào yǒu zhǔnbèi o

2 对话 [duìhuà] Dialog

A: 碟片看完了吗？
Diépiàn kàn wán le ma

B: 还没呢，我的电脑还没修好。
Hái méi ne Wǒ de diànnǎo hái méi xiū hǎo

3 对话 [duìhuà] Dialog

老师：请你填一下这份表格。
Lǎoshī Qǐng nǐ tián yíxià zhè fèn biǎogé

安娜：出生地是什么意思？
Ānnà Chūshēngdì shì shénme yìsi

老师：就是你在哪里出生的？
Lǎoshī Jiùshì nǐ zài nǎli chūshēng de

安娜：填好了。您看这样行吗？
Ānnà Tián hǎo le Nín kàn zhèyàng xíngma

老师：好，够清楚了。
Lǎoshī Hǎo gòu qīngchu le

表格：
Biǎogé

姓名 Xìngmíng	安娜 Ānnà	性别 Xìngbié	女 Nǚ
出生年月日 Chūshēng nián yuè rì	1997年12月6日 1997 nián 12 yuè 6 rì	出生地 Chūshēngdì	奥地利 维也纳 Àodìlì Wéiyěnà
国籍 Guójí	奥地利 Àodìlì	护照号码 Hùzhào Hàomǎ	P7654321 P7654321
地址 Dìzhǐ	海淀区 香山 南路98号 Hǎidiàn Qū Xiāngshān Nánlù 98 hào		
电话 Diànhuà	06764583206	电子邮箱 Diànzǐ yóuxiāng	anna.muster@yahoo.com

课文 [kèwén] Text

安娜准备去北京学习一年。她已经办好了手续，订好了机票，七月份就出发。能很快见到美玲，和美玲一起学习、旅游，安娜很高兴。但是安娜也有些担心，她觉得她的中文还不够好。

Ānnà zhǔnbèi qù Běijīng xuéxí yì nián Tā yǐjīng bàn hǎo le shǒuxù Dìng hǎo le jīpiào qī yuèfen jiù chūfā Néng hěnkuài jiàndào Měilíng hé Měilíng yìqǐ xuéxí lǚyóu Ānnà hěn gāoxìng Dànshì Ānnà yě yǒu xiē dānxīn tā juéde tā de Zhōngwén hái bú gòu hǎo

生词 [shēngcí] Vokabeln:

学期	xuéqī	(S)	Semester
开始	kāishǐ	(V)	beginnen, starten
将	jiāng	(Adv)	Hilfsverb des Futurs (werden)
八月份	bā yuèfen	(S)	August
机票	jīpiào	(S)	Flugticket
订	dìng	(V)	bestellen, festlegen
填	tián	(V)	ausfüllen
表格	biǎogé	(S)	Formular
出生地	chūshēngdì	(S)	Geburtsort
行吗	xíngma		ok?
够	gòu	(Adj)	genug
清楚	qīngchu	(Adj)	klar, deutlich
姓名	xìngmíng	(S)	Name
性别	xìngbié	(S)	Geschlecht
国籍	guójí	(S)	Nationalität
护照	hùzhào	(S)	Reisepass, Ausweis
地址	dìzhǐ	(S)	Adresse
邮箱	yóuxiāng	(S)	Briefkasten
电子邮箱	diànzǐ yóuxiāng		e-Mail
手续	shǒuxù	(S)	Formalität, Prozedur
出发	chūfā	(V)	aufbrechen, aufmachen
担心	dānxīn	(V/Adj)	sich sorgen machen, besorgt

• 专有名词

海淀区	Hǎidiànqū	(Bezirkname)
香山	Xiāngshān	(Ortsbezeichnung)
香山南路	Xiāngshān Nánlù	(Straßennahme)

语法注解 [yǔfǎ zhùjiě] Grammatik

注 从……开始 [cóng……kāishǐ] von ... an

Bestimmte Adverbien der Zeit unterliegen einem besonderen Gebrauch, wie z.B. die Form 从…… 开始. Es bedeutet „von ... an“

例： 从下学期开始，我准备去北京学习一年。
从今天开始我要学汉语。

将 [jiāng] Hilfsverb des Futurs

将 ist ein Hilfsverb der Zukunft, das nur nach dem Subjekt stehen kann.

例：我将住在美玲家。

Das Komplement der Zeit

Das Komplement der Zeit (ZK) drückt die Zeitdauer aus. Anders als die meisten adverbialen Bestimmungen, die dem Verb vorausgehen, folgt das Komplement der Zeit dem Prädikat nach und steht so oft am Ende des Satzes.

例：他去了三年。

Enthält der Satz ein Objekt, dann gibt es zwei Möglichkeiten für das Komplement der Zeit: Die Zeitangabe steht zwischen Prädikat und Objekt. Zusätzlich kann zwischen Zeitkomplement und Objekt ein 的 stehen.

例：他学了一年汉语。
他学了一年的汉语。

Das Verbprädikat wird so wiederholt, dass einer Prädikat-Objekt Kombination eine Prädikat-Zeitadverb Kombination folgt.

例：他学汉语学了三年。

Wird das Prädikat wiederholt, müssen Zeitpartikel (了，过) beim wiederholten Verb stehen. Das gleiche gilt für Modalverben und Adverbien.

例：我学汉语学了三年。
他学汉语学过一年。

Das Komplement des Resultats

Das Komplement des Resultats wird durch unmittelbares Anhängen (auch vor etwaigen Suffixen) eines Adjektivs an das Hauptverb gebildet. Eine solche Verbindung weist auf das Ergebnis der durch das Verb ausgedrückten Handlung hin. Verb und Komplement werden dabei zu einem einzigen Verb.
Das Suffix 了 wird häufig angehängt, besonders in der mündlichen Sprache, es kann aber auch entfallen, wenn dem Komplement des Resultats ein Objekt folgt.
Die Verneinung geschieht meist mit 没有/没, da es sich im Allgemeinen um vergangene Handlungen handelt.
Das Komplement des Resultats kann jedoch auch in Gegenwart oder Futur stehen, in diesem Fall wird mit 不 verneint.

例：订好了　　　填好了
办好了手续　　办好手续了
没定好/没有定好
你不做完作业不能玩。

有些 [yǒuxiē] etwas, ein bisschen

有些 bedeutet „ein wenig, etwas" oder „ein bisschen", und kann als adverbiale Mengenangabe für Verben oder adjektive Mengenangabe für Nomen benutzt werden.

例：　安娜也有些担心。
　　　有些事他不会做。

够/不够 [gòu/búgòu] eine komparative Form

Zum Ausdruck vom Komparativ werden umschreibende Adverbien vor- oder nachgestellt. Mit 够/不够 vor dem Adjektiv werden diese mit „genügend" bzw. „nicht genügend" ergänzt.

例：　她觉得她的中文还不够好。
　　　这间房子够大。

练习 [liànxí] Übung

1 拼音练习 [pīnyīn liànxí] – 近音字 [jìnyīnzì] – Übung mit den vier Tönen

今天　填写　　　　星期　行人　姓名　性别
担心　但是　　　　鸡蛋　国籍　几个　记住
小狗　不够　　　　知道　直走　地址　志向
唱歌　表格　各个　老师　石头　开始　有事

2 读一读 [dú yi dú] – Lesen und Verstehen

订机票　　准备去学习　　他住在哪里？
订酒店　　准备去度假　　你在哪儿出生的？
办手续　　准备去旅游　　机票是在哪儿订的？
办护照　　准备去踢球　　我在哪里能找到你？
我到北京快两个月了。　　小龙的邮票还不够多。
弟弟学中文三年多了。　　弟弟学习不够努力 [nǔlì: fleißig] 。
这双鞋我穿了快一年了。　这个问题老师讲得不够清楚。
这个电影他已经看了三遍了。

3 填表格 [tián biǎogé] – Formular ausfühlen

姓名		性别	
生日		出生地	
国籍		护照号码	
住址		电子邮箱	

4 根据课文回答问题 [gēnjù kèwén huídá wèntí] – Fragen zum Textinhalt beantworten

1. 安娜准备做什么?
2. 她什么时候出发?
3. 她很快就要见到谁了?
4. 安娜为什么担心?

5 读短文，回答问题 [duìhuà] – Lesen und Fragen beantworten

美玲的学校是香山中学。学校离她家不远，她每天坐地铁去上学。老师和同学们知道安娜要来学习一年，都非常高兴。

1. 美玲的学校叫什么? 离她家远吗?
2. 美玲怎么去上学?
3. 老师和同学们为什么很高兴?

6 听录音，填表格 [tiān biǎogé] – Hören die Tabelle ausfüllen

姓名	生日	出生地	国籍	其它信息

你知道吗? [Nǐ zhīdào ma] Gewusst?

中国的大学 – Universitäten in China

Nach Angaben des Bildungs- und Erziehungsministeriums der VR China gibt es in China ca. 3000 Hochschulen, Universitäten und Fachhochschulen.
Das nachstehende Bild zeigt die Verteilung der Hochschulen und Fachhochschulen in China. Die Farbtöne stehen für die Anzahl der Hochschulen und Fachhochschulen, je

dünkler die Farbe, umso mehr Hochschulen und Fachhochschulen gibt es in dieser Provinz. Zusätzlich werden die Anteile der Elitehochschulen (rot), der normalen Hochschulen (grün) und der Fachhochschulen (blau) dargestellt.
Es ist ersichtlich, dass sich die meisten Hochschulen in den Ballungszentren Chinas befinden.

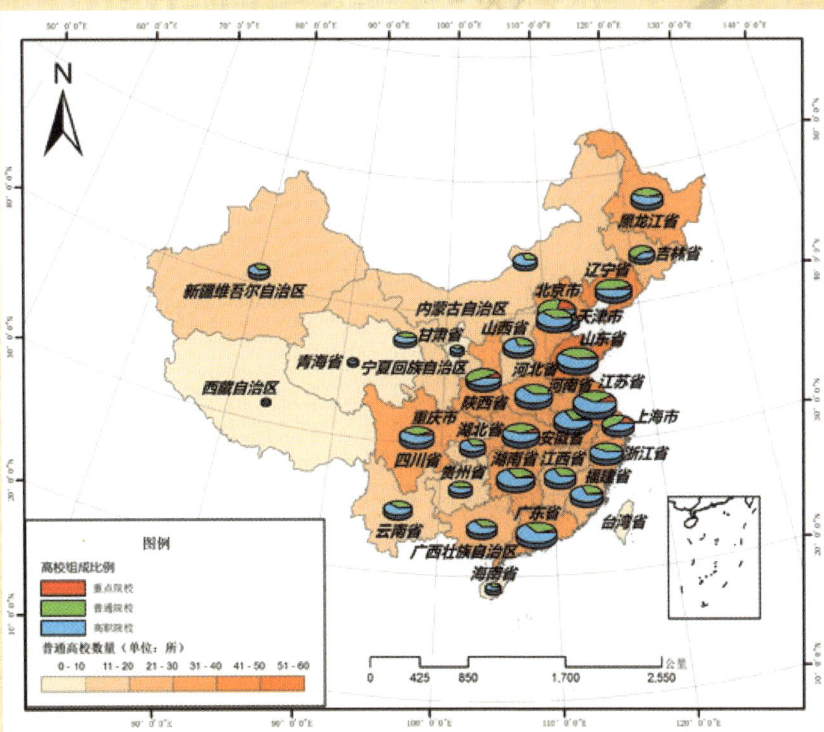

摘自《地理周刊》第026期

中国的大学

2022年数据显示，北京的普通本科院校有92所，上海有64所，广东67所，而像青海、宁夏、海南等省的本科院校数字只有十几所到二十所。

Zhōngguó de dàxué

2022 nián shùjù xiǎnshì, Běijīng de pǔtōng běnkē yuànxiào yǒu 92 suǒ, Shànghǎi yǒu 64 suǒ, Guǎngdōng 67 suǒ, ěr xiàng Qīnghǎi, Níngxià, Hǎinán děng shěng de běnkē yuànxiào shùzì zhǐyǒu shíjǐ suǒ dào èrshí suǒ.

15 安娜发来的邮件
Email von Anna

课文 [kèwén] Text

收件人：马丁

主题：你好！

马丁，你好！
Mǎdīng nǐ hǎo

我到北京已经快两个月了，一切都好。
Wǒ dào Běijīng yǐjīng kuài liǎng ge yuè le yíqiè dōu hǎo

上个月我游览了长城和故宫，它们真是了不起的
Shàng ge yuè wǒ yóulǎn le Chángchéng hé Gùgōng tāmen zhēn shì liǎobuqǐ de

杰作。我也品尝了北京烤鸭，很好吃。在美玲的帮助
jiézuò Wǒ yě pǐncháng le Běijīng kǎoyā hěn hǎo chī Zài Měilíng de bāngzhù

下，我已经学会用筷子了。我发现中国人不喜欢
xia Wǒ yǐjīng xué huì yòng kuàizi le Wǒ fāxiàn Zhōngguó rén bù xǐhuan

吃冷食，牛奶也要喝热的。我的中文不够好，大
chī lěngshí niúnǎi yě yào hē rè de Wǒ de Zhōngwén bú gòu hǎo dà

部分还听不懂。美玲让我别着急。下个星期就要
bùfen hái tīng bu dǒng Měilíng ràng wǒ bié zháojí Xià ge xīngqī jiùyào

开学了，我要努力学中文。
kāixué le wǒ yào nǔlì xué Zhōngwén

祝好！
Zhù hǎo

安娜
Ānnà

1 对话 [duìhuà] Dialog

马丁：我收到了安娜从北京发来的邮件。
Mǎdīng Wǒ shōudào le Ānnà cóng Běijīng fālái de yóujiàn

林纳：安娜她好吗？
Lín Nà Ānnà tā hǎo ma

马丁：她很好。她说，北京烤鸭很好吃。
Mǎdīng Tā hěn hǎo Tā shuō Běijīng kǎoyā hěn hǎo chī

林纳：她还说什么了？
Lín Nà Tā hái shuō shénme le

马丁：因为还听不太懂中文，
Mǎdīng Yīnwèi hái tīng bú tài dǒng Zhōngwén

所以她很着急。
suǒyǐ tā hěn zháojí

林纳：请你告诉她，我们大家都很想念她。
Lín Nà Qǐng nǐ gàosù tā wǒmen dàjiā dōu hěn xiǎngniàn tā

奥地利人用刀叉吃饭。
Àodìlì rén yòng dāochā chī fàn

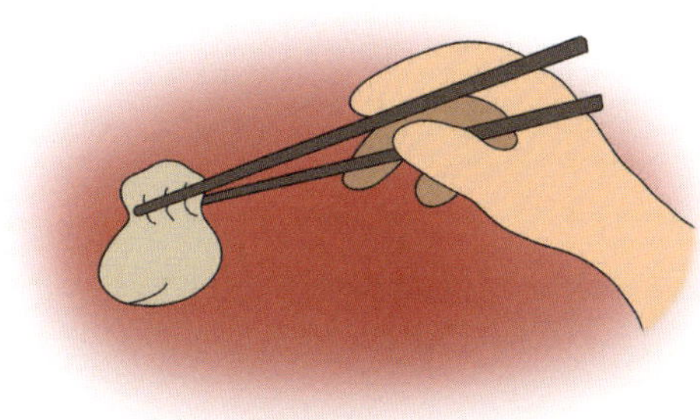

中国人用筷子吃饭。
Zhōngguó rén yòng kuàizi chī fàn

15 安娜发来的邮件 Email von Anna

生词 [shēngcí] Vokabeln:

一切	yíqiè	(Adv)	alles
游览	yóulǎn	(V)	besuchen, besichtigen
真是	zhēnshì	(Adv)	wirklich, gewiss
了不起	liǎobuqǐ	(Adj)	prima, großartig, fantastisch
杰作	jiézuò	(S)	Meisterwerk
品尝	pǐncháng	(V)	probieren, kosten
烤鸭	kǎoyā	(S)	Grillente
帮助	bāngzhù	(S/V)	Hilfe, helfen
筷子	kuàizi	(S)	Stäbchen
发现	fāxiàn	(V)	herausfinden, entdecken
冷食	lěngshí	(S)	kalte Speise
大部分	dà bùfen	(Adv)	meistens, zum Großteil
努力	nǔlì	(Adv)	eifrig, fleißig
收到	shōudào	(V)	empfangen
所以	suǒyǐ	(K)	deswegen
想念	xiǎngniàn	(V)	an j-n/etwas denken, j-n/etwas vermissen
刀叉	dāochā	(S)	Besteck

• 专有名词

加拿大	Jiānádà	Kanada

语法注解 [yǔfǎ zhùjiě] Grammatik

在……帮助下 [zài/bāngzhùxià] mit Hilfe von ...

Mit dieser Struktur wird angegeben, wer Hilfe geleistet hat.

例： 在美玲的帮助下，我已经学会用筷子了。

Das Komplement des Grades

Das Komplement des Grades wird durch die Partikel 得 gebildet, die zwischen Verb und Adjektiv steht. Dadurch wird das Prädikat näher erläutert. Das angehängte, meist adjektivische Satzglied macht eine Aussage über Wirkungsgrad und Ausmaß eines Zustandes oder einer Handlung. Die Partikeln 了 und 过 dürfen hier nicht verwendet werden.

在语法上，这样的句子被称作“结果补语”(Ergebniskomplement):
Das Ergebniskomplement bezeichnet das Ergbnis einer Handlung. Es besteht in der Regel aus einem Verb oder Adjketiv.

V + V/Adj
听 懂/错
吃 完/好

例： 听得懂 听不懂
做得完 做不完

因为……所以…… [yīnwéi……suǒyǐ] Kausalsatz

Die Konstruktion “weil … deshalb …“ wird mit “因为…所以…” gebildet. Dabei wird der Nebensatz mit 因为 eingeleitet, während der Hauptsatz mit 所以 beginnt.

例： 因为还听不太懂中文，所以她很着急。
因为下雨，所以我没有去。

练习 [liànxí] Übung

1 拼音练习 [pīnyīn liànxí] – 近音字 [jìnyīnzì] – Übung mit den vier Tönen

蓝色 游览
年纪 想念
离开 礼物 努力
刀叉 检查 差不多

街道 杰作 姐姐 介绍
圆珠 主意 帮助
刀子 摔倒 来到

2 读一读 [dú yi dú] – Lesen und Verstehen

听得懂	听不懂	→	你说得太快了，他听不懂。
看得见	看不见	→	天太黑了，我看不见。
做得完	做不完	→	时间太短了，她做不完。
来得及	来不及	→	坐地铁来不及了，只能坐出租车了。

3 用“因为……所以……”造句子 [yòng„yīnwéi……suǒyǐ……“ zào jùzi]
Sätze bilden mit “因为……所以……”

例：

钱不多	买文具	因为小龙钱不多，所以他买便宜的文具。
下雪了	骑自行车	
电脑坏了	收邮件	
学习紧张	看电视	
生病了	上学	
坐地铁来不及	坐出租车	

4 选择正确的字 [xuǎnzhé zhengquè de zì] Sätze vervollständgien

1. 长城和故宫是______不起的杰作。 （子 了）
2. 别______急，电脑明天就能修好。 （着 看）
3. 你经______上网吗？ （常 尝）
4. 我去______行取点儿钱。 （跟 银）
5. 在美玲的______助下，我学会了用筷子。 （常 帮）

5 你是安娜的同学，请用下列词语给安娜回封邮件 Eine Antwortmail an Anna schreiben

别着急　帮助　天气　经常　好吃吗？　旅游　想念　告诉

收件人：

主题：

6 听力练习 [tīnglì liànxí] – Hörübungen

听录音，回答问题 [tīng lùyīn, huídá wèntí] – Hören und Fragen beantworten

1. 她收到女儿从哪里发来的邮件？
2. 加拿大冬天的天气怎么样？
3. 她女儿去滑雪了吗？
4. 她夏天有什么打算？

你知道吗？ [Nǐ zhīdào ma] Gewusst?

故宫 – Die Verbotene Stadt

Die Verbotene Stadt, auch “紫禁城 [Zǐjìngchéng] - Violette Verbotene Stadt”genannt befindet sich im Zentrum von Beijing, am nördlichen Ende des Platzes des himmlischen Friedens. Dort lebten und regierten bis zur Revolution 1911 insgesamt 24 chinesische Kaiser der Dynastien Ming und Qing. Der einfachen Bevölkerung war der Zutritt verwehrt, was auch den Namen „Verbotene Stadt“ erklärt.
Die Verbotene Stadt stellt ein Meisterwerk der chinesischen Architektur dar. Ihre Anlage hat einen annähernd rechteckigen Grundriss – ausgerichtet an der Nord-Süd-Achse. 890 Paläste zählt die Verbotene Stadt auf 720.000 Quadratmetern Fläche, zudem verfügt sie über zahlreiche Pavillons, Gärten, Grünflächen und große Plätze. Da nur der Himmel einen Palast mit 10.000 Räumen haben darf, wurde darauf geachtet, insgesamt nur 9.999 und einen halben Raum zu erbauen.

北京故宫，又称紫禁城，位于北京中轴线的中心，是明清两个朝代二十四位皇帝的皇宫，占地面积72万平方米，建筑面积约15万平方米。它一共有九千九百九十九个半房间。

Běijīng Gùgōng, yòu chēng Zǐjìnchéng, wèiyú Běijīng zhōngzhóu xiàn de zhōngxīn, shì Míng Qīng liǎng ge cháodài èrshísì wèi huángdì de huánggōng, zhàndì miànji 72 wàn píngfāng mǐ, jiànzhù miànji yuē 15 wàn píngfāng mǐ. Tā yígòng yǒu jiǔqiān jiǔbǎi jiǔshíjiǔ ge bàn fángjiān.

3 小结 Xiǎojié – Zusammenfassung

衣服尺码 [Yī fú chǐ mǎ] Kleidung

38码有点大, 36码比较合适。
这条裤子太长了, 可以换一条吗?
这个颜色对你很合适。

描述人 / 物 [Miáo shù rén / wù] Personen/Gegenstand beschreiben

那个穿蓝裙子、戴眼镜的是林老师。
后面站着的是我哥哥。
它的毛白白的, 眼睛红红的, 耳朵长长的, 样子很可爱。
它在石头上慢吞吞地爬上爬下, 可爱极了。
这套音乐家邮票是妈妈送我的。
北京和维也纳一样, 都是大城市。

电视广播 [Diàn shì guǎng bō] Fernsehen und Rundfunk

我经常看访谈节目, 有时也看电视剧, 放松一下。
我觉得风光片很有意思, 长城是了不起的杰作。
我对教育频道的动物世界、健康养生节目很感兴趣。
收音机的音乐频道很不错, 播放的音乐都很精彩。

句型总结 [jùxíng zǒngjié] - Satzmuster im Überblick

句型 [jùxíng] Satzmuster	例句 [lìjù] Beispiel
先……然后……	我们先看了猴子, 然后去看了熊猫。
……的时候, ……正在……	我去的时候, 老虎正在睡觉呢。
一边……一边……	他一边走路一边听音乐。
……和……一样	他和我一样, 都喜欢打篮球。
是……的	这套邮票是妈妈送的。
	前排坐着的是林老师。
从……开始	从下学期开始, 我去北京学习一年。
将	我将住在美林家。

汉字 Hànzì

1. 暑全次情位约邮联得个脸谱从真剧虽懂但好
2. 购物单得品取外只卖完新牛蛋糕咖啡鸡香肠袋西瓜薯片需
3. 告诉活介绍河窗景户旁右旧躺吱响马进迎厅厨卫卧洗离近
4. 远知道直走灯向左转线换轨终及出租方乘钟堵难赶因为
5. 礼部手记棒心盼久于除夕安迪广声着应该盘理妻表选
6. 网查帮戏修染病毒装杀软贵般龙属哎肖短信坏法收发
7. 更流赛世界队趣古忙每步泳跳舞举精彩赢非乒乓合适油
8. 眼睛耳朵鼻闻嘴巴尝味头发累裤胖穿仔帅迟碟遍版爽平均圣
9. 舒疼感身冒陪嗓让炎烧药休息考复着急像冰淇淋
10. 照银行律司差退散拾事总护看整闲极拳纸了解馆棋者
11. 熊宝猴象噢石慢吞竹叶晒阳鲜乡惯虎羊路兔竖萝卜菜
12. 售货票务楼银衬码较刷卡东裙戴镜鞋集册各套著洲通化
13. 节目访谈松频播羡慕紧张业央育健康养
14. 始将订填格够清楚姓性籍址箱续担
15. 切览杰尝烤鸭助筷食努力所念刀叉

Literatur:

- 刘月华，潘文娱等，《实用现代汉语语法》，2004年8月，商务印书馆
- CCTV中国中央电视台海外中心专题部，《语林趣话》，2004年4月，四川辞书出版社

Chinesisch-Deutsch Vokabelliste

汉字 Schriftzeichen	拼音 Lautschrift	词性 Wortart	译文 Übersetzung	课号 Lektion
A				
哎	āi		Ach! Nanu! Oh!	6
安排	ānpái	(V)	organisieren, planen	5
B				
巴西	Bāxī	(S)	Brasilien	7
八月份	bā yuèfen	(S)	August	14
白兔	báitù	(S)	weiße Kannichen	11
百味	bǎi wèi	(S)	sehr viele Geschmäcker/Gerüche	8
办	bàn	(V)	erledigen	6
帮	bāng	(V)	helfen	6
帮助	bāngzhù	(S/V)	Hilfe, helfen	15
宝宝	bǎobao	(S)	Schätzchen, Liebling	11
报纸	bàozhǐ	(S)	Zeitung	10
本子	běnzi	(S)	Heft	2
鼻子	bízi	(S)	Nase	8
比	bǐ	(V)	... zu ..., vergleichen	7
比较	bǐjiào	(Adv)	vergleichsweise	12
比赛	bǐsài	(S)	Wettkampf	7
笔记本	bǐjìběn	(S)	Notizbuch	5
遍	biàn	(ZEW)	Einmal (ZEW für Verb)	8
表格	biǎogé	(S)	Formular	14
别	bié	(Adv)	nicht	9

冰淇淋	bīngqílín	*(S)*	Eiscreme	9
病毒	bìngdú	*(S)*	Virus	6
播放	bōfàng	*(V)*	senden	13
部	bù	*(ZEW)*	ZEW	5
不错	búcuò	*(Adj)*	nicht schlecht	3
不同	bùtóng	*(Adj)*	verschieden, im Unterschied zu	12
			C	
菜	cài	*(S)*	Gemüse	11
查	chá	*(V)*	nachschlagen, untersuchen	6
茶馆	cháguǎn	*(S)*	Teehaus	10
尝	cháng	*(V)*	schmecken, probieren	8
场	chǎng	*(ZEW)*	Zähleinheitswort für Vorführungen, Konzerte etc.	1
场	chǎng	*(S)*	ZEW	7
衬衣	chènyī	*(S)*	Hemd	12
乘客	chéngkè	*(S)*	Fahrgast, Passagier/Passagierin	4
迟到	chídào	*(V)*	zuspät kommen, sich verspäten	8
出	chū	*(V)*	auftauchen, erscheinen	6
出差	chūchāi	*(S/V)*	Dienstreise, Dienstlich unterwegs sein	10
出发	chūfā	*(V)*	aufbrechen, aufmachen	14
出生地	chūshēngdì	*(S)*	Geburtsort	14
出租车	chūzū chē	*(S)*	Taxi	4
除夕	chúxī	*(S)*	Silvester	5
厨房	chúfáng	*(S)*	Küche	3
穿	chuān	*(V)*	anziehen, durchqueren	8
窗户	chuānghu	*(S)*	Fenster	3
窗外	chuāngwài	*(Adj)*	außerhalb vom Fenster	3

床	chuáng	(S)	Bett	3
春节	Chūnjié	(S)	Frühlingsfest	6
次	cì	(ZEW)	-mal(ig), Zähleinheitswort für Verben	1
从	cóng	(Präp)	von	1

D

大部分	dà bùfen	(Adv)	meistens, zum Großteil	15
大街	dàjiē	(S)	Straße	3
大象	dàxiàng	(S)	Elefant	11
大约	dàyuē	(Adv)	vielleicht, vermutlich, ungefähr	4
戴	dài	(V)	aufsetzen, tragen	12
单	dān	(S)	Liste	2
担心	dānxīn	(V/Adj)	sich sorgen machen, besorgt	14
蛋糕	dàngāo	(S)	Kuchen	2
但是	dànshì	(K)	aber, jedoch	1
当	dāng	(V)	tätig sein als, arbeiten als	10
刀叉	dāochā	(S)	Besteck	15
得到	dédào	(V)	bekommen	2
得	děi	(V)	müssen	1
等	děng	(V)	warten	2
电视剧	diànshìjù	(S)	Fernsehserien	13
电视台	diànshìtái	(S)	Fernsehsender	13
电子邮箱	diànzǐ yǒuxiāng		e-Mail	14
碟	dié	(S)	DVD, CD, Schälchen	8
迪厅	dítīng	(S)	Disko	5
地理	dìlǐ	(S)	Geographie	13
地址	dìzhǐ	(S)	Adresse	14
订	dìng	(V)	bestellen, festlegen	14

东边	dōngbian	*(S)*	Osten	12
懂	dǒng	*(V)*	verstehen, begreifen	1
动物	dòngwù	*(S)*	Tier	11
动物园	dòngwùyuán	*(S)*	Zoo, Tiergarten	11
堵车	dǔchē	*(S)*	(Verkehrs-)Stau	4
短信	duǎnxìn	*(S)*	kurzer Brief, SMS	6
队	duì	*(S)*	Team, Gruppe□Mannschaft	7
对	duì	*(Präp)*	für, gegenüber	7
多长	duō cháng		Wie lange?	4
多瑙河	Duōnǎo Hé	*(S)*	Donau	3
E				
耳朵	ěrduo	*(S)*	Ohr	8
二楼	èr lóu	*(S)*	2. Stock	12
F				
发烧	fāshāo	*(V)*	Fieber haben	9
发现	fāxiàn	*(V)*	herausfinden, entdecken	15
发炎	fāyán	*(V)*	Entzündung	9
发票	fāpiào	*(S)*	Rechnung	12
方便	fāngbiàn	*(Adj)*	(Verkehrs-)günstig, angenehm	3
访谈	fǎngtán	*(S)*	Interviews	13
放	fàng	*(V)*	freilassen, (los)lassen	5
放松	fàngsōng	*(V)*	entspannen, locker werden	13
分钟	fēnzhōng	*(S)*	Minute	4
非常	fēicháng	*(Adv)*	besonders, außerordentlich	7
非洲	Fēizhōu	*(S)*	Afrika	12
风景	fēngjǐng	*(S)*	Landschaft	3
服务	fúwù	*(S)*	Service	12

复习	fùxí	(V)	nachbereiten, wiederholen	9
G				
赶	gǎn	(V)	sich beeilen, um etwas zu erreichen	4
感冒	gǎnmào	(V)	Erkältung, Grippe, sich erkälten	9
告诉	gàosu	(V)	mitteilen, erzählen	3
歌剧	gējù	(S)	Oper	7
个	gè	(ZEW)	Zähleinheitswort	1
个子	gèzi	(S)	Körpergröße, Gestalt, Statur	8
各地	gèdì	(S)	verschiedene Orte	12
各国	gèguó	(S)	verschiedene Länder	12
更	gèng	(Adv)	noch mehr als	7
公司	gōngsī	(S)	Firma	10
够	gòu	(Adj)	genug	14
购物	gòuwù	(V)	einkaufen	2
古典	gǔdiǎn	(Adj)	klassisch	7
关于	guānyú	(Präp)	über	13
光盘	guāngpán	(S)	CD	5
广场	guǎngchǎng	(S)	(öffentlicher) Platz	5
古今中外	gǔjīn-zhōngwài		zu allen Zeiten undn in allen Ländern	10
贵	guì	(Adj)	teuer	6
国籍	guójí	(S)	Nationalität	14
过	guò	(Pa)	Vergangenheitspartikel	1
H				
哈利·波特	Hālì Bōtè	(S)	Harry Potter	8
好久	hǎo jiǔ	(adv)	sehr lange (Zeit)	5
好客	hàokè	(Adj)	gastfreundlich	1
好像	hǎoxiàng	(Adv)	aussehen wie, (es scheint) als ob	9

河	hé	*(S)*	Fluss	3
合适	héshì	*(Adj)*	passend, geeignet	7
红酒	hóngjiǔ	*(S)*	Rotwein	2
红绿灯	hónglǜdēng	*(S)*	(Verkehrs-)Ampel	4
猴	hóu	*(S)*	Affe	11
护士	hùshi	*(S)*	Krankenschwester, Krankenpfleger	10
护照	hùzhào	*(S)*	Reisepass, Ausweis	14
花香	huāxiāng	*(S)*	Blumenduft	8
花园	huāyuán	*(S)*	Garten, Blumengarten	10
坏	huài	*(Adj)*	kaputt, schlecht	6
欢迎	huānyíng	*(V)*	willkommen	3
换	huàn	*(V)*	umsteigen	4
换乘	huànchéng	*(V)*	(Verkehr) umsteigen	4
回来	huílai	*(V)*	zurückkommen	1
J				
机票	jīpiào	*(S)*	Flugticket	14
鸡蛋	jīdàn	*(S)*	Hühnerei	2
集邮	jíyóu	*(S)*	Briefmarkensammlung	12
集邮册	jíyóu cè	*(S)*	Briefmarkenalbum	12
几比几	jǐ bǐ jǐ		Wie viel zu wie viel? Wie steht das Spiel?	7
记者	jìzhě	*(S)*	Journalist/Journalistin	10
加班	jiābān	*(V)*	Überstunden machen	10
加拿大	Jiānádà	*(S)*	Kanada	15
加油	jiāyóu	*(V)*	anfeuern	7
家乡	jiāxiāng	*(S)*	Heimat, Zuhause	11
价格	jiàgé	*(S)*	Preis, Wert	2
健康	jiànkāng	*(Adj/S)*	gesund, Gesundheit	13

将	jiāng	*(Adv)*	Hilfsverb des Futurs (werden)	14
教育	jiàoyù	*(S)*	Erziehung	13
节目	jiémù	*(S)*	Programm	13
杰作	jiézuò	*(S)*	Meisterwerk	15
介绍	jièshào	*(V)*	vorstellen	3
进	jìn	*(V)*	hinein-, hereinkommen	3
近	jìn	*(Adj)*	nahe	3
紧张	jǐnzhāng	*(Adj)*	stressig, angespannt	13
京剧	jīngjù	*(S)*	Pekingoper	1
经理	jīnglǐ	*(S)*	Manager/Managerin	5
经常	jīngcháng	*(Adv)*	oft	4
精彩	jīngcǎi	*(Adj)*	ausgezeichnet, herrlich	7
景色	jǐngsè	*(S)*	Landschaft	13
旧	jiù	*(Adj)*	alt, gebraucht	3
举行	jǔxíng	*(V)*	veranstalten	7

K

咖啡	kāfēi	*(S)*	Kaffee	2
开始	kāishǐ	*(V)*	beginnen, starten	14
开心	kāixīn	*(adj)*	gut gelaunt, froh, freudig	5
开学	kāixué	*(V)*	das Schuljahr beginnt/ Anfang des Schuljahres	2
开药	kāiyào	*(S)*	jemandem etwas verschreiben/ verordnen	9
看病	kànbìng	*(V)*	zum Arzt gehen	9
看护	kānhù	*(V)*	jemanden pflegen, sich um … kümmern	10
看见	kànjiàn	*(S)*	etwas sichten, sehen	11
考试	kǎoshì	*(V)*	Prüfung, Test	9
烤鸭	kǎoyā	*(S/V)*	Grillente	15

客厅	kètīng	*(S)*	Wohnzimmer	3
裤子	kùzi	*(S)*	Hose	8
快轨	kuàiguǐ	*(S)*	Schnellbahn	4
筷子	kuàizi	*(S)*	Stäbchen	15
		L		
来不及	láibují	*(S)*	nicht mehr dazu kommen, für etwas ist es (schon) zu spät	4
老虎	lǎohǔ	*(S)*	Tiger	11
累	lèi	*(V)*	müde	8
冷食	lěngshí	*(S)*	kalte Speise	15
离	lí	*(Präp)*	entfernt, von ...	3
礼物	lǐwù	*(S)*	Geschenk	5
脸谱	liǎnpǔ	*(S)*	Gesichtsbemahlung bei traditionellen Opern	1
联系	liánxì	*(V)*	Kontakt knüpfen, kommunizieren	1
凉爽	liángshuǎng	*(Adj)*	kühl	8
了不起	liǎobuqǐ	*(Adj)*	prima, großartig, fantastisch	15
了解	liǎojiě	*(V)*	Bescheid wissen, sich informieren	10
林	Lín	*(S)*	Familienname Lin	12
流行	liúxíng	*(Adj)*	verbreitet, gängig, üblich, populär	7
龙年	lóngnián	*(S)*	Jahr des Drachens	6
萝卜	luóbo	*(S)*	Rübe	11
律师	lǜshī	*(S)*	Jurist/Juristin, Anwalt/Anwältin	10
		M		
马上	mǎshang	*(Adv)*	sofort	3
码	mǎ	*(S)*	Größe, Nummer	12
卖	mài	*(V)*	verkaufen	2
麦克·杰克逊	Màikè Jiékèsùn	*(S)*	Michael Jackson	7

慢吞吞	màntūntūn	*(Adj)*	in Schneckentempo	11
忙	máng	*(Adj)*	beschäftigt	7
毛笔	máobǐ	*(S)*	Pinsel	2
没法	méifǎ		keine Möglichkeit, nicht möglich	6
每天	měitiān	*(Adv)*	jeden Tag	7
门外	ménwài	*(S)*	draußen	2
面包	miànbāo	*(S)*	Brot, Brötchen	2
面对	miànduì	*(Adj)* *(präp)*	gegenüberliegend angesichts	3
面具	miànjù	*(S)*	Maske	1
		N		
那边	nàbiān	*(S)*	dort (drüben)	4
难说	nánshuō	*(Adj)*	schwer zu sagen	4
牛奶	niúnǎi	*(S)*	Milch	2
牛仔裤	niúzǎikù	*(S)*	Jeans	8
努力	nǔlì	*(Adv)*	eifrig, fleißig	15
		O		
噢	ō	*(interj)*	ach	11
		P		
盼	pàn	*(V)*	warten, hoffen	5
旁边	pángbiān	*(N)*	seitlich, an der Seite	3
胖	pàng	*(Adj)*	dick	8
跑步	pǎobù	*(S/V)*	Laufen, laufen	7
陪	péi	*(V)*	begleiten	9
频道	píndào	*(V)*	(Frequenz-/Sender-)Kanal	13
品尝	pǐncháng	*(V)*	probieren, kosten	15
乒乓球	pīngpāngqiú	*(S)*	Tischtennis	7
平均	píngjūn	*(Adj)*	Durchschnitt, Mittel	8

妻子	qīzi	*(S)*	Ehefrau, Gattin, Frau	5
气候	qìhòu	*(S)*	Klima, Wetter	11
前方	qiángfāng	*(S)*	Vorderseite, Front(seite)	4
前排	qiánpái	*(S)*	erste Reihe	12
清楚	qīngchu	*(Adj)*	klar, deutlich	14
球赛	qiúsài	*(S)*	(Ball-)Spiel	7
取	qǔ	*(V)*	abholen	2
全家	quánjiā	*(S)*	die ganze Familie	1
全身	quánshēn	*(Adv)*	ganzer Körper	9
裙子	qúnzi	*(S)*	Rock, Kleid	12
			R	
然后	ránhòu	*(K)*	danach, dann, darauf	11
染	rǎn	*(V)*	sich anstecken, kontaminieren	6
让	ràng	*(V)*	jemanden etwas tun lassen	9
热情	rèqíng	*(Adj)*	leidenschaftlich, begeistert	1
人民大街	Rénmín Dàjiē	*(S)*	Volksstraße	3
认出	rènchu	*(V)*	etwas erkennen, herausfinden	8
如果	rúguǒ	*(K)*	falls, wenn	4
软件	ruǎnjiàn	*(S)*	Software	6
			S	
散步	sànbù	*(S/V)*	spazierengehen, schlendern	10
嗓子	sǎngzi	*(S)*	Kehle, Hals	9
杀毒	shā dú	*(V)*	Viren bekämpfen	6
晒	shài	*(V)*	sich sonnen	11
上个	shàngge		letzte, vorherige	7
上网	shàngwǎng	*(V)*	im Internet surfen	6
生病	shēngbìng	*(V)*	krank werden, erkranken	9

生活	shēnghuó	(S)	das Leben	3
生肖	shēngxiào	(S)	Sternzeichen, Tierkreiszeichen	6
圣诞节	Shèngdànjié	(S)	Weihnachten	5
圣地	shèngdì	(S)	Wallfahrtsland, Heiliges Land	8
石头	shítou	(S)	Stein	11
市中心	shìzhōngxīn	(S)	Stadtzentrum	5
适合	shìhé	(Adj)	passend	12
世界	shìjiè	(S)	Welt	7
世界杯	shìjiè bēi	(S)	Weltcup	7
事情	shìqing	(S)	Sache, Angelegenheit	10
手表	shǒubiǎo	(S)	Armbanduhr	5
收到	shōudào	(V)	empfangen	15
收发	shōufā	(V)	empfangen und senden	6
收集	shōují	(V)	sammeln	12
收拾	shōushi	(V)	aufräumen	10
收银台	shōuyín tái	(S)	Kassa	12
收音机	shōuyīnjī	(S)	Radio	13
手机	shǒujī	(S)	Handy	5
手续	shǒuxù	(S)	Formalität, Prozedur	14
售货员	shòuhuò yuán	(S)	Verkäufer/Verkäuferin	12
舒服	shūfu	(Adj)	sich wohl fühlen, bequem	9
书桌	shūzhuō	(S)	Schreibtisch	3
属	shǔ	(V)	gehören, unterstellen	6
暑假	shǔjià	(S)	Sommerferien	1
薯片	shǔpiàn	(S)	Chips	2
竖	shù	(V)	(aufrecht) stellen	11
刷	shuā	(V)	streichen, schrubben	12

帅	shuài	*(Adj)*	gut aussehend, schick	8
说话	shuōhuà	*(V)*	sprechen	8
斯蒂芬	Sīdìfēn	*(S)*	Stefan	5
送给	sònggěi	*(V)*	schenken	5
虽然	suīrán	*(K)*	zwar, obwohl (obgleich)	1
所以	suǒyǐ	*(K)*	deswegen	15
T				
太棒了	tài bàng le		sehr gut	5
太极拳	tàijíquán	*(S)*	Taiji	10
太阳	tàiyáng	*(S)*	Sonne	11
躺	tǎng	*(V)*	sich hinlegen	3
套	tào	*(S)*	Eigenheit, Besonderheit	12
特色	tèsè	*(V)*	ausfüllen	13
填	tián	*(ZEW)*	Set	14
跳舞	tiàowǔ	*(S/V)*	Tanzen, tanzen	7
通过	tōngguò	*(Präp)*	durch	12
同事	tóngshì	*(S)*	Kollege/Kollegin, Mitarbeiter/ Mitarbeiterin	5
头发	tóufa	*(S)*	Haar	8
头疼	tóuténg	*(V)*	Kopfschmerzen, Kopfweh	9
退休	tuìxiū	*(S/V)*	Rente, in Rente gehen	10
W				
完	wán	*(Adv)*	fertig	2
微信	wēixìn	*(S)*	Wechat	6
位	wèi	*(ZEW)*	Zähleinheitswort für Personen, höflich	1
卫生间	wèishēngjiān	*(S)*	Toilette	3
闻	wén	*(V)*	riechen, hören	8

文化	wénhuà	*(S)*	Kultur	12
卧室	wòshì	*(S)*	Schlafzimmer	3
午饭	wǔfàn	*(S)*	Mittagessen	10
物品	wùpǐn	*(S)*	Sache, Gegenstand	2
X				
西瓜	xīguā	*(S)*	Wassermelone	
西头	xītóu	*(S)*	Westen	2
习惯	xíguàn	*(V/S)*	gewöhnen, Gewohnheit	12
洗衣房	xǐyīfáng	*(S)*	Waschraum, Waschküche	11
洗衣机	xǐyījī	*(S)*	Waschmaschine	3
喜爱	xǐ'ài	*(V)*	gern haben	3
下班	xiàbān	*(V)*	Feierabend machen	11
下车	xià chē	*(V)*	aussteigen	4
下棋	xiàqí	*(V)*	Schach spielen	10
下雪	xiàxuě	*(V)*	es schneit	4
先	xiān	*(K/Adv)*	erst, zuvor	11
闲	xián	*(adj)*	unttätig, unbeschäftigt	10
线	xiàn	*(S)*	Linie, Faden, Schnur	4
羡慕	xiànmù	*(V)*	beneiden, bewundern	13
香肠	xiāngcháng	*(S)*	Wurst	2
响	xiǎng	*(V)*	ertönen	3
想念	xiǎngniàn	*(V)*	an j-n/etwas denken, j-n/etwas vermissen	15
向	xiàng	*(Präp)*	in Richtung, nach, zu	4
小时	xiǎoshí	*(S)*	Stunde	4
鞋	xié	*(S)*	Schuhe	12
新闻	xīnwén	*(S)*	Neuigkeit, Nachricht	10
新鲜	xīnxian	*(Adj)*	frisch	11

信用卡	xìnyòng kǎ	*(V)*	Kreditkarte	12
行吗	xíngma		ok?	14
兴趣	xìngqu	*(S)*	Interesse	7
性别	xìngbié	*(S)*	Geschlecht	14
姓名	xìngmíng	*(S)*	Name	14
熊猫	xióngmāo	*(S)*	Pandabär	11
休息	xiūxi	*(V)*	ruhen, Pause machen	9
修	xiū	*(V)*	reparieren	6
需要	xūyào	*(V)*	brauchen, benötigen	2
选购	xuǎngòu	*(V)*	sich für etwas entscheiden	5
学期	xuéqī	*(S)*	Semester	14
学习	xuéxí	*(V/S)*	lernen, Lernen	2
Y				
眼睛	yǎnjing	*(S)*	Auge	8
眼镜	yǎnjìng	*(S)*	Brille	12
羊	yáng	*(S)*	Schaf, Ziege	11
养生	yǎngshēng	*(S)*	Gesundheitspflege	13
药店	yàodiàn	*(S)*	Apotheke	9
要是	yàoshì	*(K)*	falls, wenn	4
一般	yìbān	*(Adv)*	gewöhnlich, normal, allgemein	6
一边	yìbiān	*(K)*	gleichzeitig	11
一点儿	yìdiǎnr		ein bisschen mehr (in komparativer Verwendung)	4
一会儿	yíhuìr	*(Adv)*	einen Moment, eine Weile	5
一切	yíqiè	*(Adv)*	alles	15
一下	yíxià		einmal kurz	2
一眼	yì yǎn	*(Adv)*	auf ersten Blick	8

一样	yíyàng	*(Adj)*	gleich, ebenso	11
医院	yīyuàn	*(S)*	Krankenhaus	10
以后	yǐhou	*(Adv)*	später	3
以前	yǐqián	*(S)*	früher	1
因为	yīnwéi	*(K)*	weil, da	4
银行	yínháng	*(S)*	Bank	10
迎	yíng	*(V)*	in Empfang nehmen, begrüßen	5
赢	yíng	*(V)*	gewinnen	7
应该	yīnggāi	*(V)*	sollen	5
迎接	yíngjiē	*(V)*	willkommen heißen, begrüßen, empfangen	5
用品	yòngpǐn	*(S)*	Gebrauchsartikel	2
邮件	yóujiàn	*(S)*	Post	1
邮票	yóupiào	*(S)*	Briefmarke	12
邮箱	yóuxiāng	*(S)*	Briefkasten	14
游览	yóulǎn	*(V)*	besuchen, besichtigen	15
游戏	yóuxì	*(S)*	Spiel	6
游泳	yóuyǒng	*(S/V)*	Schwimmen, schwimmen	7
有点儿	yǒudiǎnr	*(Adv)*	etwas, ein bisschen	9
有名	yǒumíng	*(adj)*	bekannt	5
右边	yòubiān	*(N)*	rechts	3
远	yuǎn	*(Adj)*	weit entfernt	4
约好	yuēhǎo	*(V)*	abmachen, ausmachen	1

Z

站	zhàn	*(V)*	stehen	12
着急	zháojí	*(Adj)*	aufgeregt, nervös	9
照片	zhàopiàn	*(S)*	Foto	10
着	zhe	*(Pa)*	(Verlaufssuffix) gerade bei etwas sein, am	5

这里	zhèlǐ	*(S)*	hier	4
真	zhēn	*(Adv)*	wirklich	1
真是	zhēnshì	*(Adv)*	wirklich, gewiss	15
整天	zhěngtiān	*(Adv)*	ganztägig, den ganzen Tag lang	10
知道	zhīdao	*(V)*	wissen	4
吱吱地	zhīzhīde	*(Adv)*	quietschend	3
直走	zhízǒu	*(V)*	geradeaus gehen	4
中间	zhōngjiān	*(S)*	Mitte	12
中文版	Zhōngwén bǎn	*(S)*	Version auf Chinesisch	8
中心	zhōngxīn	*(S)*	Zentrum	12
中央	zhōngyāng	*(Adj/S)*	zentral, Zentrum	13
终点站	zhōngdiǎnzhàn	*(S)*	Endstation	4
终于	zhōngyú	*(Adv)*	zuletzt, schließlich	5
钟声	zhōngshēng	*(S)*	Glockengeläut, Glockenklang	5
竹叶	zhúyè	*(S)*	Bambusblatt	11
著名	zhùmíng	*(Adj)*	berühmt	12
转	zhuǎn	*(V)*	abbiegen	4
装	zhuāng	*(V)*	installieren, montieren	6
总是	zǒngshì	*(Adv)*	ständig, immer	10
走	zǒu	*(V)*	gehen	4
走路	zǒulù	*(V)*	zu Fuß gehen	11
嘴巴	zuǐba	*(S)*	Mund	8
昨晚	zuówǎn	*(S)*	gestern Abend	13
左	zuǒ	*(Adj)*	links	4
左右	zuǒyòu	*(Adv)*	rund, links und rechts	8
作业	zuòyè	*(S)*	Aufgabe	13

Anhang III

Deutsch-Chinesisch Vokabelliste

译文 Übersetzung	汉字 Schriftzeichen	拼音 Lautschrift	词性 Wortart	课号 Lektion
A				
(aufrecht) stellen	竖	shù	*(V)*	11
... zu ..., vergleichen	比	bǐ	*(V)*	7
abbiegen	转	zhuǎn	*(V)*	4
aber, jedoch	但是	dànshì	*(K)*	1
abholen	取	qǔ	*(V)*	2
abmachen, ausmachen	约好	yuēhǎo	*(V)*	1
ach	噢	ō	*(interj)*	11
Ach! Nanu! Oh!	哎	āi	*(Interj)*	6
Adresse	地址	dìzhǐ	*(S)*	14
Affe	猴	hóu	*(S)*	11
Afrika	非洲	Fēizhōu	*(S)*	12
alles	一切	yíqiè	*(Adv)*	15
alt, gebraucht	旧	jiù	*(Adj)*	3
an j-n/etwas denken, j-n/etwas vermissen	想念	xiǎngniàn	*(V)*	15
anfeuern	加油	jiāyóu	*(V)*	7
anziehen, durchqueren	穿	chuān	*(V)*	8
Apotheke	药店	yàodiàn	*(S)*	9
Armbanduhr	手表	shǒubiǎo	*(S)*	5
auf ersten Blick	一眼	yì yǎn	*(Adv)*	8
aufbrechen, aufmachen	出发	chūfā	*(V)*	14
Aufgabe	作业	zuòyè	*(S)*	13
aufgeregt, nervös	着急	zháojí	*(Adj)*	9

aufräumen	收拾	shōushi	*(V)*	10
aufsetzen, tragen	戴	dài	*(V)*	12
auftauchen, erscheinen	出	chū	*(V)*	6
Auge	眼睛	yǎnjing	*(S)*	8
August	八月份	bā yuèfen	*(S)*	14
ausfüllen	填	tián	*(V)*	14
ausgezeichnet, herrlich	精彩	jīngcǎi	*(Adj)*	7
aussehen wie, (es scheint) als ob	好像	hǎoxiàng	*(Adv)*	9
außerhalb vom Fenster	窗外	chuāngwài	*(Adj)*	3
aussteigen	下车	xià chē	*(V)*	4
B				
(Ball-)Spiel	球赛	qiúsài	*(S)*	7
Bambusblatt	竹叶	zhúyè	*(S)*	11
Bank	银行	yínháng	*(S)*	10
beginnen, starten	开始	kāishǐ	*(V)*	14
begleiten	陪	péi	*(V)*	9
bekannt	有名	yǒumíng	*(adj)*	5
bekommen	得到	dédào	*(V)*	2
beneiden, bewundern	羡慕	xiànmù	*(V)*	13
berühmt	著名	zhùmíng	*(Adj)*	12
beschäftigt	忙	máng	*(Adj)*	7
Bescheid wissen, sich informieren	了解	liǎojiě	*(V)*	10
besonders, außerordentlich	非常	fēicháng	*(Adv)*	7
Besteck	刀叉	dāochā	*(S)*	15
bestellen, festlegen	订	dìng	*(V)*	14
besuchen, besichtigen	游览	yóulǎn	*(V)*	15
Bett	床	chuáng	*(S)*	3

Blumenduft	花香	huāxiāng	*(S)*	8
Brasilien	巴西	Bāxī	*(S)*	7
brauchen, benötigen	需要	xūyào	*(V)*	2
Briefkasten	邮箱	yóuxiāng	*(S)*	14
Briefmarke	邮票	yóupiào	*(S)*	12
Briefmarkenalbum	集邮册	jíyóu cè	*(S)*	12
Briefmarkensammlung	集邮	jíyóu	*(S)*	12
Brille	眼镜	yǎnjìng	*(S)*	12
Brot, Brötchen	面包	miànbāo	*(S)*	2
		C		
CD	光盘	guāngpán	*(S)*	5
Chips	薯片	shǔpiàn	*(S)*	2
		D		
danach, dann, darauf	然后	ránhòu	*(K)*	11
das Leben	生活	shēnghuó	*(S)*	3
das Schuljahr beginnt Anfang des Schuljahres	开学	kāixué	*(V)* *(S)*	2
deswegen	所以	suǒyǐ	*(K)*	15
dick	胖	pàng	*(Adj)*	8
die ganze Familie	全家	quánjiā	*(S)*	1
Dienstreise, Dienstlich unterwegs sein	出差	chūchāi	*(S/V)*	10
Disko	迪厅	dítīng	*(S)*	5
Donau	多瑙河	Duōnǎo Hé	*(S)*	3
dort (drüben)	那边	nàbiān	*(S)*	4
draußen	门外	ménwài	*(S)*	2
durch	通过	tōngguò	*(Präp)*	12
Durchschnitt, Mittel	平均	píngjūn	*(Adj)*	8
DVD, CD, Schälchen	碟	dié	*(S)*	8

E

e-Mail	电子邮箱	diànzǐ yǒuxiāng		14
Ehefrau, Gattin, Frau	妻子	qīzi	*(S)*	5
eifrig, fleißig	努力	nǔlì	*(Adv)*	15
Eigenheit, Besonderheit	特色	tèsè	*(S)*	13
ein bisschen mehr (in komparativer Verwendung)	一点儿	yìdiǎnr		4
einen Moment, eine Weile	一会儿	yíhuìr	*(adv)*	5
einkaufen	购物	gòuwù	*(V)*	2
Einmal (ZEW für Verb)	遍	biàn	*(ZEW)*	8
einmal kurz	一下	yíxià		2
Eiscreme	冰淇淋	bīngqílín	*(S)*	9
Elefant	大象	dàxiàng	*(S)*	11
empfangen	收到	shōudào	*(V)*	15
empfangen und senden	收发	shōufā	*(V)*	6
Endstation	终点站	zhōngdiǎnzhàn	*(S)*	4
entfernt, von ...	离	lí	*(Präp)*	3
entspannen, locker werden	放松	fàngsōng	*(V)*	13
Entzündung	发炎	fāyán	*(V)*	9
Erkältung, Grippe, sich erkälten	感冒	gǎnmào	*(V)*	9
erledigen	办	bàn	*(V)*	6
erst, zuvor	先	xiān	*(K/Adv)*	11
erste Reihe	前排	qiánpái	*(S)*	12
ertönen	响	xiǎng	*(V)*	3
Erziehung	教育	jiàoyù	*(S)*	13
es schneit	下雪	xiàxuě	*(V)*	4
etwas erkennen, herausfinden	认出	rènchu	*(V)*	8
etwas sichten, sehen	看见	kànjiàn	*(V)*	11
etwas, ein bisschen	有点儿	yǒudiǎnr	*(Adv)*	9

F				
Fahrgast, Passagier/ Passagierin	乘客	chéngkè	*(S)*	4
falls, wenn	如果	rúguǒ	*(K)*	4
falls, wenn	要是	yàoshì	*(K)*	4
Familienname Lin	林	Lín	*(S)*	12
Feierabend machen	下班	xiàbān	*(V)*	5
Fenster	窗户	chuānghu	*(S)*	3
Fernsehsender	电视台	diànshìtái	*(S)*	13
Fernsehserien	电视剧	diànshìjù	*(S)*	13
fertig	完	wán	*(Adv)*	2
Fieber haben	发烧	fāshāo	*(V)*	9
Firma	公司	gōngsī	*(S)*	10
Flugticket	机票	jīpiào	*(S)*	14
Fluss	河	hé	*(S)*	3
Formalität, Prozedur	手续	shǒuxù	*(S)*	14
Formular	表格	biǎogé	*(S)*	14
Foto	照片	zhàopiàn	*(S)*	10
freilassen, (los)lassen	放	fàng	*(V)*	5
(Frequenz-/Sender-)Kanal	频道	píndào	*(V)*	13
frisch	新鲜	xīnxian	*(Adj)*	11
früher	以前	yǐqián	*(S)*	1
Frühlingsfest	春节	Chūnjié	*(S)*	6
für, gegenüber	对	duì	*(Präp)*	7

G				
ganzer Körper	全身	quánshēn	*(Adv)*	9
ganztägig, den ganzen Tag lang	整天	zhěngtiān	*(Adv)*	10
Garten, Blumengarten	花园	huāyuán	*(S)*	10

gastfreundlich	好客	hàokè	*(Adj)*	1
Gebrauchsartikel	用品	yòngpǐn	*(S)*	2
Geburtsort	出生地	chūshēngdì	*(S)*	14
gegenüberliegend, angesichts	面对	miànduì	*(Adj)* *(präp)*	3
gehen	走	zǒu	*(V)*	4
gehören, unterstellen	属	shǔ	*(V)*	6
Gemüse	菜	cài	*(S)*	11
genug	够	gòu	*(Adj)*	14
Geographie	地理	dìlǐ	*(S)*	13
geradeaus gehen	直走	zhízǒu	*(V)*	4
gern haben	喜爱	xǐ'ài	*(V)*	11
Geschenk	礼物	lǐwù	*(S)*	5
Geschlecht	性别	xìngbié	*(S)*	14
Gesichtsbemahlung bei traditionellen Opern	脸谱	liǎnpǔ	*(S)*	1
gestern Abend	昨晚	zuówǎn	*(S)*	13
gesund, Gesundheit	健康	jiànkāng	*(Adj/S)*	13
Gesundheitspflege	养生	yǎngshēng	*(S)*	13
gewinnen	赢	yíng	*(V)*	7
gewöhnen, Gewohnheit	习惯	xíguàn	*(V/S)*	11
gewöhnlich, normal, allgemein	一般	yìbān	*(Adv)*	6
gleich, ebenso	一样	yíyàng	*(Adj)*	11
gleichzeitig	一边	yìbiān	*(K)*	11
Glockengeläut, Glockenklang	钟声	zhōngshēng	*(S)*	5
Grillente	烤鸭	kǎoyā	*(S)*	15
Größe, Nummer	码	mǎ	*(Adj)*	12
gut aussehend, schick	帅	shuài	*(Adj)*	8
gut gelaunt, froh, freudig	开心	kāixīn	*(Adj)*	5

H

Haar	头发	tóufa	*(S)*	8
Handy	手机	shǒujī	*(S)*	5
Harry Potter	哈利·波特	Hālì Bōtè	*(S)*	8
Heft	本子	běnzi	*(S)*	2
Heimat, Zuhause	家乡	jiāxiāng	*(S)*	11
helfen	帮	bāng	*(V)*	6
Hemd	衬衣	chènyī	*(S)*	12
herausfinden, entdecken	发现	fāxiàn	*(V)*	15
hier	这里	zhèlǐ	*(S)*	4
Hilfe, helfen	帮助	bāngzhù	*(S/V)*	15
Hilfsverb des Futurs (werden)	将	jiāng	*(Adv)*	14
hinein-, hereinkommen	进	jìn	*(V)*	3
Hose	裤子	kùzi	*(S)*	8
Hühnerei	鸡蛋	jīdàn	*(S)*	2

I

im Internet surfen	上网	shàngwǎng	*(V)*	6
in Empfang nehmen, begrüßen	迎	yíng	*(V)*	5
in Richtung, nach, zu	向	xiàng	*(Präp)*	4
in Schneckentempo	慢吞吞	màntūntūn	*(Adj)*	11
installieren, montieren	装	zhuāng	*(V)*	6
Interesse	兴趣	xìngqu	*(S)*	7
Interviews	访谈	fǎngtán	*(S)*	13

J

Jahr des Drachens	龙年	lóngnián	*(S)*	6
Jeans	牛仔裤	niúzǎikù	*(S)*	8
jeden Tag	每天	měitiān	*(Adv)*	7
jemandem etwas verschreiben/ verordnen	开药	kāiyào	*(V)*	9

jemanden etwas tun lassen	让	ràng	*(V)*	9
jemanden pflegen, sich um … kümmern	看护	kānhù	*(S)*	10
Journalist/Journalistin	记者	jìzhě	*(S)*	10
Jurist/Juristin, Anwalt/Anwältin	律师	lǜshī	*(S)*	10

K

Kaffee	咖啡	kāfēi	*(S)*	2
kalte Speise	冷食	lěngshí	*(S)*	15
Kanada	加拿大	Jiānádà	*(S)*	15
kaputt, schlecht	坏	huài	*(Adj)*	6
Kassa	收银台	shōuyín tái	*(S)*	12
Kehle, Hals	嗓子	sǎngzi	*(S)*	9
keine Möglichkeit, nicht möglich	没法	méifǎ		6
klar, deutlich	清楚	qīngchu	*(Adj)*	14
klassisch	古典	gǔdiǎn	*(Adj)*	7
Klima, Wetter	气候	qìhòu	*(S)*	11
Kollege/Kollegin, Mitarbeiter/Mitarbeiterin	同事	tóngshì	*(S)*	5
Kontakt knüpfen, kommunizieren	联系	liánxì	*(V)*	1
Kopfschmerzen, Kopfweh	头疼	tóuténg	*(V)*	9
Körpergröße, Gestalt, Statur	个子	gèzi	*(S)*	8
krank werden, erkranken	生病	shēngbìng	*(V)*	9
Krankenhaus	医院	yīyuàn	*(S)*	10
Krankenschwester, Krankenpfleger	护士	hùshi	*(S)*	10
Kreditkarte	信用卡	xìnyòng kǎ	*(V)*	12
Küche	厨房	chúfáng	*(S)*	3
Kuchen	蛋糕	dàngāo	*(S)*	2
kühl	凉爽	liángshuǎng	*(Adj)*	8
Kultur	文化	wénhuà	*(S)*	12

kurzer Brief, SMS	短信	duǎnxìn	*(S)*	6
L				
Landschaft	风景	fēngjǐng	*(S)*	3
Landschaft	景色	jǐngsè	*(S)*	13
Laufen, laufen	跑步	pǎobù	*(S/V)*	7
leidenschaftlich, begeistert	热情	rèqíng	*(Adj)*	1
lernen, Lernen	学习	xuéxí	*(V/S)*	2
letzte, vorherige	上个	shàngge		7
Linie, Faden, Schnur	线	xiàn	*(S)*	4
links	左	zuǒ	*(Adj)*	4
Liste	单	dān	*(S)*	2
M				
-mal(ig), Zähleinheitswort für Verben	次	cì	*(ZEW)*	1
Manager/Managerin	经理	jīnglǐ	*(S)*	5
Maske	面具	miànjù	*(S)*	1
meistens, zum Großteil	大部分	dà bùfen	*(Adv)*	15
Meisterwerk	杰作	jiézuò	*(S)*	15
Michael Jackson	麦克·杰克逊	Màikè Jiékèsùn	*(S)*	7
Milch	牛奶	niúnǎi	*(S)*	2
Minute	分钟	fēnzhōng	*(S)*	4
Mittagessen	午饭	wǔfàn	*(S)*	10
Mitte	中间	zhōngjiān	*(S)*	12
mitteilen, erzählen	告诉	gàosu	*(V)*	3
müde	累	lèi	*(V)*	8
Mund	嘴巴	zuǐba	*(S)*	8
müssen	得	děi	*(V)*	1
N				
nachbereiten, wiederholen	复习	fùxí	*(V)*	9

nachschlagen, untersuchen	查	chá	*(V)*	6
nahe	近	jìn	*(Adj)*	3
Name	姓名	xìngmíng	*(S)*	14
Nase	鼻子	bízi	*(S)*	8
Nationalität	国籍	guójí	*(S)*	14
Neuigkeit, Nachricht	新闻	xīnwén	*(S)*	10
nicht	别	bié	*(Adv)*	9
nicht mehr dazu kommen, für etwas ist es (schon) zu spät	来不及	láibují		4
nicht schlecht	不错	búcuò	*(Adj)*	3
noch mehr als	更	gèng	*(Adv)*	7
Notizbuch	笔记本	bǐjìběn	*(S)*	5
(öffentlicher) Platz	广场	guǎngchǎng	*(S)*	5
oft	经常	jīngcháng	*(Adv)*	4

O

ok?	行吗	xíngma		14
Oper	歌剧	gējù	*(S)*	7
organisieren, planen	安排	ānpái	*(V)*	5
Osten	东边	dōngbian	*(S)*	12

P

Pandabär	熊猫	xióngmāo	*(S)*	11
passend	适合	shìhé	*(Adj)*	12
passend, geeignet	合适	héshì	*(Adj)*	7
Pekingoper	京剧	jīngjù	*(S)*	1
Pinsel	毛笔	máobǐ	*(S)*	2
Post	邮件	yóujiàn	*(S)*	1
Preis, Wert	价格	jiàgé	*(S)*	2
prima, großartig, fantastisch	了不起	liǎobuqǐ	*(Adj)*	15

probieren, kosten	品尝	pǐncháng	(V)	15
Programm	节目	jiémù	(S)	13
Prüfung, Test	考试	kǎoshì	(S/V)	9
quietschend	吱吱地	zhīzhīde	(Adv)	3

R

Radio	收音机	shōuyīnjī	(S)	13
Rechnung	发票	fāpiào	(S)	12
rechts	右边	yòubiān	(N)	3
Reisepass, Ausweis	护照	hùzhào	(S)	14
Rente, in Rente gehen	退休	tuìxiū	(S/V)	10
reparieren	修	xiū	(V)	6
riechen, hören	闻	wén	(V)	8
Rock, Kleid	裙子	qúnzi	(S)	12
Rotwein	红酒	hóngjiǔ	(S)	2
Rübe	萝卜	luóbo	(S)	11
ruhen, Pause machen	休息	xiūxi	(V)	9
rund, links und rechts	左右	zuǒyòu	(Adv)	8

S

Sache, Angelegenheit	事情	shìqing	(S)	10
Sache, Gegenstand	物品	wùpǐn	(S)	2
sammeln	收集	shōují	(V)	12
Schach spielen	下棋	xiàqí	(V)	10
Schaf, Ziege	羊	yáng	(S)	11
Schätzchen, Liebling	宝宝	bǎobao	(S)	11
schenken	送给	sònggěi	(V)	5
Schlafzimmer	卧室	wòshì	(S)	3
schmecken, probieren	尝	cháng	(V)	8
Schnellbahn	快轨	kuàiguǐ	(S)	4

Schreibtisch	书桌	shūzhuō	*(S)*	3
Schuhe	鞋	xié	*(S)*	12
schwer zu sagen	难说	nánshuō	*(Adj)*	4
Schwimmen, schwimmen	游泳	yóuyǒng	*(S/V)*	7
sehr gut	太棒了	tài bàng le		5
sehr lange (Zeit)	好久	hǎo jiǔ	*(adv)*	5
sehr viele Geschmäcker/ Gerüche	百味	bǎi wèi	*(S)*	8
seitlich, an der Seite	旁边	pángbiān	*(N)*	3
Semester	学期	xuéqī	*(S)*	14
senden	播放	bōfàng	*(V)*	13
Service	服务	fúwù	*(S)*	12
Set	套	tào	*(ZEW)*	12
sich anstecken, kontaminieren	染	rǎn	*(V)*	6
sich beeilen, um etwas zu erreichen	赶	gǎn	*(V)*	4
sich für etwas entscheiden	选购	xuǎngòu	*(V)*	5
sich hinlegen	躺	tǎng	*(V)*	3
sich sonnen	晒	shài	*(V)*	11
sich sorgen machen, besorgt	担心	dānxīn	*(V/Adj)*	14
sich wohl fühlen, bequem	舒服	shūfu	*(Adj)*	9
Silvester	除夕	chúxī	*(S)*	5
sofort	马上	mǎshang	*(Adv)*	3
Software	软件	ruǎnjiàn	*(S)*	6
sollen	应该	yīnggāi	*(V)*	5
Sommerferien	暑假	shǔjià	*(S)*	1
Sonne	太阳	tàiyáng	*(S)*	11
später	以后	yǐhou	*(Adv)*	3

spazierengehen, schlendern	散步	sànbù	*(S/V)*	10
Spiel	游戏	yóuxì	*(S)*	6
sprechen	说话	shuōhuà	*(V)*	8
Stäbchen	筷子	kuàizi	*(S)*	15
Stadtzentrum	市中心	shìzhōngxīn	*(S)*	5
ständig, immer	总是	zǒngshì	*(Adv)*	10
Stefan	斯蒂芬	Sīdìfēn	*(S)*	5
stehen	站	zhàn	*(V)*	12
Stein	石头	shítou	*(S)*	11
Sternzeichen, Tierkreiszeichen	生肖	shēngxiào	*(S)*	6
Straße	大街	dàjiē	*(S)*	3
streichen, schrubben	刷	shuā	*(V)*	12
stressig, angespannt	紧张	jǐnzhāng	*(Adj)*	13
Stunde	小时	xiǎoshí	*(S)*	4

T

Taiji	太极拳	tàijíquán	*(S)*	10
Tanzen, tanzen	跳舞	tiàowǔ	*(S/V)*	7
tätig sein als, arbeiten als	当	dāng	*(V)*	10
Taxi	出租车	chūzū chē	*(S)*	4
Team, Gruppe□Mannschaft	队	duì	*(S)*	7
Teehaus	茶馆	cháguǎn	*(S)*	10
teuer	贵	guì	*(Adj)*	6
Tier	动物	dòngwù	*(S)*	11
Tiger	老虎	lǎohǔ	*(S)*	11
Tischtennis	乒乓球	pīngpāngqiú	*(S)*	7
Toilette	卫生间	wèishēngjiān	*(S)*	3

U

über	关于	guānyú	*(Präp)*	13

Überstunden machen	加班	jiābān	*(V)*	10
umsteigen	换	huàn	*(V)*	4
unttätig, unbeschäftigt	闲	xián	*(adj)*	10

V

veranstalten	举行	jǔxíng	*(V)*	7
verbreitet, gängig, üblich, populär	流行	liúxíng	*(Adj)*	7
Vergangenheitspartikel	过	guò	*(Pa)*	1
vergleichsweise	比较	bǐjiào	*(Adv)*	12
(Verkehr) umsteigen	换乘	huànchéng	*(V)*	4
(Verkehrs-)Ampel	红绿灯	hónglǜdēng	*(S)*	4
(Verkehrs-)günstig, angenehm	方便	fāngbiàn	*(Adj)*	3
(Verkehrs-)Stau	堵车	dǔchē	*(S)*	4
verkaufen	卖	mài	*(V)*	2
Verkäufer/Verkäuferin	售货员	shòuhuò yuán	*(S)*	12
(Verlaufssuffix) gerade bei etwas sein, am	着	zhe	*(Pa)*	5
verschieden, im Unterschied zu	不同	bùtóng	*(Adj)*	12
verschiedene Länder	各国	gèguó	*(S)*	12
verschiedene Orte	各地	gèdì	*(S)*	12
Version auf Chinesisch	中文版	Zhōngwén bǎn	*(S)*	8
verstehen, begreifen	懂	dǒng	*(V)*	1
vielleicht, vermutlich, ungefähr	大约	dàyuē	*(Adv)*	4
Viren bekämpfen	杀毒	shā dú	*(V)*	6
Virus	病毒	bìngdú	*(S)*	6
Volksstraße	人民大街	Rénmín Dàjiē	*(S)*	3
von	从	cóng	*(Präp)*	1
Vorderseite, Front(seite)	前方	qiángfāng	*(S)*	4
vorstellen	介绍	jièshào	*(V)*	3

W

Wallfahrtsland, Heiliges Land	圣地	shèngdì	(S)	8
warten	等	děng	(V)	2
warten, hoffen	盼	pàn	(V)	5
Waschmaschine	洗衣机	xǐyījī	(S)	3
Waschraum, Waschküche	洗衣房	xǐyīfáng	(S)	3
Wassermelone	西瓜	xīguā	(S)	2
Wechat	微信	wēixìn	(S)	6
Weihnachten	圣诞节	Shèngdànjié	(S)	5
weil, da	因为	yīnwéi	(K)	4
weiße Kannichen	白兔	báitù	(S)	11
weit entfernt	远	yuǎn	(Adj)	4
Welt	世界	shìjiè	(S)	7
Weltcup	世界杯	shìjiè bēi	(S)	7
Westen	西头	xītóu	(S)	12
Wettkampf	比赛	bǐsài	(S)	7
Wie lange?	多长	duō cháng		4
Wie viel zu wie viel? Wie steht das Spiel?	几比几	jǐ bǐ jǐ		7
willkommen	欢迎	huānyíng	(V)	3
willkommen heißen, begrüßen, empfangen	迎接	yíngjiē	(V)	5
wirklich	真	zhēn	(Adv)	1
wirklich, gewiss	真是	zhēnshì	(Adv)	15
wissen	知道	zhīdao	(V)	4
Wohnzimmer	客厅	kètīng	(S)	3
Wurst	香肠	xiāngcháng	(S)	2

Z

Zähleinheitswort	个	gè	(ZEW)	1

Zähleinheitswort für Personen, höflich	位	wèi	*(ZEW)*	1
Zähleinheitswort für Vorführungen, Konzerte etc.	场	chăng	*(ZEW)*	1
Zeitung	报纸	bàozhǐ	*(S)*	10
zentral, Zentrum	中央	zhōngyāng	*(Adj/S)*	13
Zentrum	中心	zhōngxīn	*(S)*	12
ZEW	部	bù	*(ZEW)*	5
ZEW	场	chăng	*(S)*	7
Zoo, Tiergarten	动物园	dòngwùyuán	*(S)*	11
zweiter Stock	二楼	èr lóu	*(S)*	12
zu allen Zeiten undn in allen Ländern	古今中外	gŭjīn-zhōngwài		10
zu Fuß gehen	走路	zŏulù	*(V)*	11
zuletzt, schließlich	终于	zhōngyú	*(adv)*	5
zum Arzt gehen	看病	kànbìng	*(V)*	9
zurückkommen	回来	huílai	*(V)*	1
zuspät kommen, sich verspäten	迟到	chídào	*(V)*	8
zwar, obwohl (obgleich)	虽然	suīrán	*(K)*	1

Anhang IV 偏旁 Radikale

Radikale		
		Bedeutung
一	yīzìpáng	
丨	shùbù	
丿	piěbù	
丶	diǎnbù	
乙	yǐbù	
十	shízìpáng	
厂	chǎngbù	manche haben mit Häusern zu tun
匚	sānkuāng	
二	èrbù	
卜	bǔzì-páng	
冂	tóngzìkuāng	
八	bāzìdǐ	
丷	bāzìtóu	
人	rénzìtóu rénzìpáng	bezieht sich meistens auf Menschen. Es steht häufig oben oder manchmal an einer beliebigen Seite
亻	dānrénpáng	bezieht sich meistens auf Aktivitäten des Menschen und steht links
勹	sháozìkuāng	
儿	érzìpáng érzìdǐ	manche haben mit Menschen zu tun. Position oft unten
匕	bǐzìpáng	
几	jǐbù	
亠	gāozìtóu	
冫	liǎngdiǎnshuǐ	hat meist mit Kälte zu tun. Position links
冖	tūbǎogài	
凵		
卩		meistens in vereinfachten Schriftzeichen. Es ist nur ein Symbol, Pssition rechts
阝	shuāngěrpáng zuǒěrpáng	habt meistens mit Hügel und Terrain zu tun
阝	shuāngěrpáng yòuěrpáng	Städte und Regionen

刀	dāozìtóu	bezieht sich meistens auf Schneiden oder Schnitzen usw., Position flexibel
刂	lìdāo-páng	bezieht sich meistens auf die Verwendung des Messers. Es steht an der rechten Seite.
讠	yánzìpáng	kommt von "言", hat mit Sprache zu tun
力	lìzìpáng	hat meistens mit Stärke, Kraft und Macht zu tun. Position flexibel
又	yòuzìpáng	manche haben mit Handbewegungen zu tun. Position flexibel
厶	sīzìdǐ	
廴	jiànzh	manche haben mit Bauten zu tun
工	gōngzìpáng	manche haben mit arbeiten zu tun. Kann auch als Phoentikum dienen
土	tǔzìdǐ títǔpáng	steht mit Erde im Zusammenhang.
士	shìzìtóu	
艹	cǎozì-tóu	steht meistens mit Fauna im Zusammenhang
寸	cùnzìpáng	
廾		
大	dàzìpáng	manche haben mit Größe zu tun, manche beziehen sich auf den stehenden Menschen.
尢	yóuzìpáng	
弋		
小	xiǎozìtóu	manche symbolisieren entweder klein oder dienen als Phonetikum.
口	kǒuzìpáng	hat mit Mund und Mundbewegung zu tun, Position links
口	fāngkuāng	deutet in der Regel Begrenzung oder einen Bereich an
山	shānzìtóu	hat mit Bergen zu tun. Position flexibel
巾	jīnzìpáng jīnzìdǐ	steht mit Tüchern im Zusammenhang
彳	shuāngrénpáng	die Hälfte von "xing", hat oft mit Wegen und Gehen zu tun. Position links
彡	sānpiě	hat mit Haar bzw. Bart oder Licht zu tun
夕	xīzìpáng	hat mit Nacht zu tun
夂	dōngzìtóu	
丬	zhéwénpáng	
饣	shízìpáng	hat meistens mit Verpflegungen zu tun
片	piànbù	
广	guǎngzìpáng	hat mit großräumig und Unermesslichkeit zu tun
门	ménzìkuāng	hat meistens mit Tür oder Tor zu tun

宀	bǎogàitóu	hat meistens mit Bauten zu tun
辶	zǒuzhīpáng	hat meistens mit laufen zu tun
彐		
尸	shībù	steht mit dem Körper des Menschen oder Tiers im Zusammenhang.
己		
弓	gōngzìpáng	hat mit Bogenschießen zu tun. Position links
子	zǐzìpáng	hat mit Kindern zu tun. Position oben/unten
孑		eine Variante von „zi", hat mit Kindern zu tun, Position links
女	nǜzìpáng	steht mit Frauen im Zusammenhang
纟	jiǎosīpáng	hat mit Seide und Garn zu tun. Position links
马	mǎzìpáng	hat meistens mit Pferden zu tun
幺		
王	wángzìpáng	hat oft mit König oder Jade zu tun
木	mùzìpáng	hat meistens mit Baum oder Holz zu tun
犬	quǎnbù	hat meistens mit Hunden zu tun
犭	fǎnquǎnpáng	eine Variante von „quan"; hat meistens mit Tieren zu tun
户	hùbù	hat oft mit Fenstern und Türen zu tun
歹	dǎizìpáng	hat meistens mit dem Tod zu tun
车	chēzìpáng	hat mit Wägen zu tun
牙	yábù	
戈	gēzìpáng	hat mit Waffen oder Krieg zu tun
比	bǐbù	
瓦	wǎbù	
止	zhǐzìtóu	
攵	fǎnwénpáng	hat mit Handbewegungen zu tun
日	rìzìpáng rìzìtóu	hat meistens mit der Sonne zu tun
曰	yuēzìpáng	
贝	bèibù	sieht wie eine Muschel aus. Muschelschalen haben in alten Zeiten als Geld gedient.
水	shuǐbù	hat mit Wasser zu tun
氵	sāndiǎnshuǐ	steht mit Wasser im Zusammenhang.
见	jiànzìpáng	
牛	niúzìpáng	hat meistens mit Rindern zu tun

手	shǒuzìpáng	hat meistens mit Händen zu tun
扌	tíshǒupáng	hat meistens mit Handbewegungen zu tun
气	qìzìtóu	hat meistens mit Luft zu tun
毛	máobù	steht mit Haar und Federn im Zusammenhang
片	piànbù	hat meistens mit Holzplatten oder Holz zu tun
斤	jīnzìpáng	hat meistens mit einer Axt oder Hacken bzw. Brechen zu tun
爫 爪	àizìtóu zhǎozìpáng	hat meistens mit Extremitäten zu tun
父	fùzì-tóu	bezieht sich oft von alten Herren.
月	yuèzìpáng	repräsentiert zwei Schriftzeichen, eines ist Mond und das andere Fleisch. Schriftzeichen mit dem Radikal an der rechten Seite haben oft mit Mond zu tun und an der linken Seite mit dem menschlichen Körper.
欠	qiànzìpáng	hat meistens mit ausatmen zu tun
风	fēngzìpáng	
文	wénbù	manche haben mit dem Schreiben zu tun. Einige dienen als Phonetikum
方	fāngzìpáng	
火	huǒzìpáng	hat mit Feuer zu tun
灬	sìdiǎndǐ	ist eine Variante von Feuer.
户	hùzì-páng	
心	xīnzìdǐ	hat meistens mit psychischen Aktivitäten zu tun
忄	shùxīnpáng	Variante von "xin", haben auch mit psychischen Aktivitäten zu tun
母	mǔzìpáng	dient oft als Phonetikum
示	shìbù	hat meistens mit zeigen zu tun
礻	shìzìpáng	eine Variante von "shi", haben meistens mit Opferung zu tun
石	shízìpáng	hat meistens mit Steinen zu tun
龙	lóngbù	
业	yèbù	
目	mùzì-páng	hat meistens mit Augen zu tun
且	qiěbù	
田	tiánzìpáng	hat meistens mit Acker oder Ackerbestellung zu tun
皿	mǐnzìdǐ	hat mit Gefäßen zu tun
罒		
用	yòngzìpáng	

矢	shǐzìpáng	
禾	hémùpáng	hat mit Wachstum von Kulturpflanzen zu tun
白	báizìpáng	hat meistens mit weißer Farbe oder Licht zu tun
瓜	guāzìpáng	
鸟	niǎozìpáng	hat meistens mit Vögeln zu tun
疒	bìngzìpáng	hat meistens mit Krankheiten zu tun
立	lìzìpáng	hat meistens mit stehen zu tun
穴	xuèbǎogài	hat meistens mit Höhlen zu tun
耳	ěrzìpáng	hat meistens mit einem Ohr zu tun
页	yèzìpáng	hat meistens mit Kopf und Hals zu tun
虍	hǔzìtóu	hat meistens mit Tigern zu tun
虫	chóngzìpáng	hat meistens mit Insekten und Reptilien oder Amphibien zu tun
肉	ròubù	
缶		
舌	shézìpáng	
竹	zhúzìtóu	hat meistens mit Bambus zu tun
自	zìbù	hat oft mit Nasen zu tun
血	xuèbù	
舟	zhōuzìpáng	hat meistens mit Booten zu tun
衣	yībù	hat meistens mit Kleidung zu tun
衤	yīzì-páng	eine Variante, hat meistens mit Kleidung zu tun
羊	yángzìpáng	hat meistens mit Ziegen zu tun
米	mǐzìpáng	hat meistens mit Getreide zu tun
羽	yǔbù	
糸	mìzìpáng	
纟	jiǎosīpáng	hat meistens mit Seide zu tun
耒	lěizìpáng	
酉		
走	zǒuzīpáng	hat oft mit schnell gehen zu tun
豕		hat meistens mit Schweinen zu tun
足	zúzìpáng	hat meistens mit Füßen zu tun
身	shēnzìpáng	hat meistens mit Körpern zu tun
言	yánzìpáng	hat meistens mit Sprachen zu tun

雨	yǔzìtóu	hat meistens mit Regen und anderen klimatischen Erscheinungen zu tun
隹	zhuīzìpáng	
金	jīnzìpáng	hat meistens mit Metall zu tun
钅	jīnzìpáng	hat meistens mit Metall zu tun
鱼	yúbù	hat meistens mit Fisch zu tun
革	gébù	hat meistens mit Leder zu tun
食	shíbù	hat mit essen und trinken zu tun
黑	hēibù	hat meistens mit schwarz zu tun

Anhang V

听力练习文本 [tīnglì liànxí wénběn] Texte zu den Hörübungen

Lektion 1 (Seite 5)

1. 马丁虽然没有看过京剧，但他有一个京剧脸谱。

2. 大卫喜欢吃中国饭。他最喜欢吃北京烤鸭。

3. 林老师来过欧洲三次了。她游览过德国、英国、法国、瑞士和奥地利。她觉得法国人热情，英国人友好，瑞士人好客。上次去德国，正好赶上啤酒节，他看到了德国人喝啤酒时的豪爽。

Lektion 2 (Seite 11)

1.
售货员： A：您买点儿什么？
Anna： B：我要3瓶可乐，一个面包和一袋薯片。
Linda： C：请给我一支钢笔，一本杂志和一个字典。
小龙： D：我要蛋糕、咖啡和红酒。

2.
A：我想买一个文具盒。我只有5块3毛钱，可以吗？
B：最便宜的文具盒5块7毛钱。

Lektion 3 (Seite 18)

1. 丽丽住在第二十二区，人民大街26号。她家一共有五个房间。对面就是学校。

2. 小龙的新家在多瑙河旁边，风景很美。客厅的右边是厨房和卫生间。楼上有两间卧室。房子离地铁站很近，很方便。

Lektion 4 (Seite 24)

1.
A：请问，去多瑙公园怎么换车？
B：坐4号地铁到瑞典广场，换2号地铁到老多瑙站下。
A：需要多长时间？
B：半个小时吧

2.
A：您几点的飞机？
B：十二点四十。来得及吗？
A：很难说。如果不堵车就来得及。

B：您开快点儿吧。
A：请问，去人民大街怎么走？
B：第一个红绿灯向左转，你会看见一个超市。再左转就到了。
A：远吗？
B：不远，十分钟就到了。

Lektion 5 (Seite 32)

1. A：下星期安娜过生日，我不知道给她送什么礼物。你有什么主意？
   B：下班后我和你一起去商店看看吧。
   A：太好了，谢谢你。

2. A：李维，你看见我的手表了吗？
   B：在桌子上。
   A：啊，七点了，我得走了。我跟丽丽七点半去看电影。
   B：桌子上放着一张光盘，请你带给丽丽好吗？
   A：没问题。

3. A：你们不是打算去市中心的圣诞市场吗？
   B：是啊，可是现在刮着风，下着雨，怎么去呀！
   A：等一会儿再去吧！圣诞市场要开到晚上九点呢。

Lektion 6 (Seite 42)

1. A：林纳，你的手机可以上网吗？
   B：可以。
   A：快查查星期六天气怎么样？要是不下雨，我们准备去爬山。
   B：星期天虽然不下雨，但是温度有点低，只有15度。
   A：那星期天呢？
   B：我看看。星期天晴天，20度，不冷也不热，爬山正合适。
   A：太好了，那就星期天去爬山。林纳，你和我们一起去吗？
   B：星期天马丁过生日，请我去他家。我没法去爬山了。祝你们玩得愉快！
   A：谢谢。

2. 手机短信
   1) 中文班同学星期天爬山。出发时间：早上9:10。
   2) 林纳，请你一到家就给我打电话。
   3) 路上堵车，我来不及去你家了，我们机场见。
   4) 电脑开着，你用吧。我去图书馆了。

Lektion 7 (Seite 49)

1. （1）A：你喜欢吃法国饭吗？
   B：我更喜欢吃中国饭。北京烤鸭是我的最爱。
   （2）我喜欢流行音乐，对古典音乐也很感兴趣。
   （3）昨天的乒乓球比赛打得很精彩。
   （4）今天下午有篮球比赛，英国队对德国队。

2. 美玲的邮件：

安娜：你好！
邮件收到。
我们班的同学也很喜欢运动。下午的运动时间操场上有很多人。有的踢足球，有的打乒乓球，有的打篮球。学校外面的公园里，很多老人经常打太极拳。你对太极拳感兴趣吗？

Lektion 8 (Seite 57-58)

1. 玛丽的眼睛圆圆的，头发长长的。
   马丁最喜欢打篮球。
   马兰的哥哥经常去奥地利滑雪。
   蓝色的裤子比绿色的短。

2. 石大海又迟到了，因为他昨天晚上睡得太晚了。他昨晚看了世界杯足球比赛，巴西队对西班牙队。巴西队比西班牙队踢得好。巴西队跑得很快，踢进了3个球，他们赢了。石大海每个星期都要看足球比赛，他对足球很感兴趣。

Lektion 9 (Seite 66)

1. 李维生病了。他头疼，嗓子疼，耳朵也疼。医生说他感冒了，耳朵有点发炎，让他在家休息。李维不能看书，不能看电视，全身不舒服，只能在床上躺着。他打算病一好就和丽丽去看电影。

2. （1）这是你的药。一天三次，一次一片。
   （2）去药店怎么走？向前走，第三个路口向右转。
   （3）A：医生，我怎么了？全身不舒服
   B：你太累了，晚上睡得太晚了。好好休息两天就好了。
   （4）A：你昨天为什么没来上课？
   B：生病了。

Lektion 10 (Seite 72-73)

1. 李维以后想当老师，他想有很多学生。林纳以后想当记者，她想到世界各地去看一看。马克想当经理，他喜欢工作忙一点。李维的妈妈是律师，她太忙了，经常出差。她想换一个工作。

2. 夏令营的活动很多，从八点到十点上中文课。十点十分看电影。从十一点到十二点上书法课。下午一点到两点半游泳，三点到五点半参观故宫。晚饭后去看京剧。

Lektion 11 (Seite 81)

1. A: 你们看见我的狗了吗？
   B: 你的狗长什么样？
   A: 它的毛黄黄的，尾巴短短的。

   早上我去学校的时候，它正在草地上玩呢。
   中午我吃饭的时候，它正在屋里睡觉呢。
   下午我打球的时候，它正在花园晒太阳呢。

2. 我家有两只小兔子，它们的毛白白的，眼睛红红的，耳朵长长的，尾巴短短的，一听到声音，它们就竖起耳朵，样子可爱极了。

Lektion 12 (Seite 88-89)

1. 这是我们班同学的照片。前排中间坐着的是林老师。旁边穿着蓝色牛仔裤的是李维。那个戴红色丝巾的是安娜。后边穿着蓝色衬衣的是马丁。站在马丁旁边戴着眼镜的是马克。

2. 我的爱好是收集电话卡。我已经收集了五百多张世界各地的电话卡，有亚洲的，欧洲的，还有非洲的。有些卡是我用过的，有些是朋友送我的，有些是跟朋友换的。我觉得收集电话卡很有趣。

Lektion 13 (Seite 96)

1. A: 请你们说说关于看电视的习惯。马丁，你经常看电视吗？你喜欢什么频道？
   马丁：经常。我喜欢看访谈节目和特色风光片。
   A: 大卫，你呢？你也喜欢看风光片吗？
   大卫：不太喜欢，我更喜欢音乐频道，它播放的音乐都非常精彩。

A：　安娜，你有时间看电视吗？
安娜：我看电视不多，如果有时间我会看看教育频道，
　　　我对动物世界节目很感兴趣。

2. A：昨天的电视节目"动物世界"你看了吗？
B：是关于非洲大象的那一集吧？
A：对，大象的生活非常有意思。
B：是啊，非洲的地理风光也很迷人。

Lektion 14 (Seite 103-104)

A：我叫白雪，雪花的雪。我的生日是2001年9月12日。我生在北京，长在北京，是中国人。我准备明年去欧洲上学。我的电子邮箱是: bai@gmail.com。
B：我的名字是汉斯。我2002年3月18日出生在柏林，我是德国人。我现在在北京上学，我喜欢中国的生活。我的电话是：136 428 6697。
C：我是马丁，2000年10月9日在日内瓦出生，我是瑞士人。我会说法语、德语、英语和汉语。
D：我叫林康，健康的康。我2001年5月22日生在上海，但是我现在拿奥地利护照，号码是P7654321。我以前在上海上学，现在在维也中学。我 在奥地利的电话是：0676 3322818。

Lektion 15 (Seite 112)

昨天我收到了女儿从加拿大发来的邮件。她到那里快半年了，已经习惯了那里的生活。她说，加拿大的滑雪场很棒，她已经去滑过三次了。那里冬天比维也纳冷一些，经常下雪。夏天景色很美。她让我安排好时间，夏天去那里旅游。我准备八月份去游玩两个星期。